周蓓　主編

『民國專題史』叢書

張輔良　撰

河南人民出版社

國際智識合作運動史

敘述各種國際學術團體的歷史，包括各種國際學術團體的基本情況，各種國際學術團體的特點及其他們的行爲等方面的內容

圖書在版編目(CIP)數據

國際智識合作運動史 / 張輔良撰. —鄭州 : 河南人民出版社, 2016.4(2017.1重印)
(民國專題史叢書 / 周蓓主編)
ISBN 978-7-215-10027-5

Ⅰ. ①國… Ⅱ. ①張… Ⅲ. ①學術團體-歷史-世界 Ⅳ. ①C261

中國版本圖書館CIP數據核字(2016)第077605號

河南人民出版社出版發行
(地址 : 鄭州市經五路66號　郵政編碼 : 450002　電話 : 65788063)
新華書店經銷　河南新華印刷集團有限公司印刷
開本 710毫米×1000毫米　1/16　印張 7.5
字數 120千字
2016年4月第1版　2017年1月第3次印刷

定價 : 48.00圓

出版前言

中國現代學術體系是在晚清西學東漸的大潮中逐步形成的。至民國初建，中央政治權威進一步分散和削弱，加之新文化運動帶給國人思想上的空前解放，新學的啓蒙，新知識分子的産生，民國學術如草長鶯飛，進入一個自由而蓬勃的時代。中國傳統學科乃中國學術之根基與菁華所在，民國學人采用『取今復古，别立新宗』之方法，引入西方的學術觀念，積極改造，使史學、文學等學科向現代學術方向轉型。此外，大力推介西方社會科學的新學科和自然科學，在學習、借鑒乃至移植西方現代學術話語和研究範式的過程中，逐漸建立中國現代學科，使中國的學科門類迅速擴展。一時間，新舊更迭，中西交流，百花齊放，萬壑争流，開創了中國現代學術的源頭。

伴隨知識轉型和研究範式轉换而來的，還有學術著作撰寫方式的創新。中國古代的著作向來以單篇流傳，經後人整理匯編後，方以成册成集的面目出現并持續傳播。直到十九世紀末，東西方的歷史編撰體裁不外乎多卷本的編年體、紀傳體和紀事本末體等，章節體的出現標志着近代西方學術規範的産生和新史學的興起。章節體具有依時間順序，按章節編排；因事立題，分篇綜論；既分門别類，又綜合通貫的特點。以章、節搭建起論述之框架，結構分明，邏輯清晰，較傳統的撰寫體裁容量大、系統性强。它的傳入，使中國現代學術體系從内容到形式被納入了全球化的軌道。民國時期專題史的研究、譯介、編纂、出版恰恰是在這樣的背景下欣欣而發，是學術的實驗場，也是歷史的記録儀。編選『民國專題史』叢書的初衷正是爲了從一個側面展示中國學術從傳統向現代過渡的歷史進程。

專題史是對一個學科歷史的總結，是學科入門的必備和學科研究的基礎，也是對一個時代艱深新鋭問題的解答，是學術研究的高點。民國專題史著作中，既包含通論某一學科全部或一時代（區域、國别）的變化過程的，又囊括對一時代或一問題作特殊研究的，還有少部分是對某一專題的史料進行收集的。原創與翻譯并重，翻譯的底本大多選擇該學科的代表著作或歐美大學普及教本，兼顧權威性和流行性，其中日本學者的論著占據了相當比重。日本與中國同屬東亞儒家文化圈，他們在接納西方學術思想和研究模式時，已作了某種消化與調適，從思維轉換的角度看，更便于中國借鑒和利用，他們的著作因而被時人廣泛引進。

與當代學術研究日趨專業化、專門化、專家化的『窄化』道路迥乎不同的是，中國傳統學術崇尚『學問主通不主專，貴通人不尚專家』的通識型治學門徑，處于過渡轉型期的民國學術在不同程度上保留了這種特徵。民國學術大師諸學科貫通一脉、上千年縱橫捭闔之功力自不待冗言，外交家著倫理政治史、文學家著哲學史、化學家著戰争史等亦不乏其人，民國專題史研究呈現出開放、融通、跨界撰述的特點。與此同時必須看到，自晚清以來，中國的命運就在外侮屢犯、内亂頻仍的窘境中跌宕彷徨，民族存亡仿若命懸一綫。這股以創建學科、總結經驗、解决問題爲指歸的專題史出版風潮背後，包裹着民國學人企望以西學爲工具拯民族于衰微的探索精神，及以學術救亡的愛國之心。梁任公曾言：『史學者，學問之最博大而最切要者也，國民之明鏡也，愛國心之源泉也。』這種位卑未敢忘憂國的歷史使命感和國民意識是今人無法漠視和遺忘的。

『民國專題史』叢書收録的範圍包括現代各個學科，不僅限于人文社會科學，學科分類以《民國總書目》的分科爲標準，計有哲學、宗教、社會、政治、法律、軍事、經濟、文化、藝術、教育、語言文字、中國文學、外國文學、中國歷史、西方史、自然科學、醫學、工業、交通共19個學科門類。本叢書分輯整理出版，内不分科，單本發行，方便讀者按需索驥。既可作爲大專院校圖書館、學術研究機構館藏之必備資源，也可滿足個人研讀或興趣之收藏。

與目前市場已有的一些專題史叢書相比，『民國專題史』叢書具有規模大、學科全、選本精、原版影印的特點。本叢書選目首重作者的首創、權威和著作影響力，尤其注重選本的稀見性。所謂稀見，即建國後没有再版，且多數圖書館没有收藏，或即便有收藏，也是歸于非公開的珍本之列予以保存，普通讀者難以借閲。部分圖書雖有電子版，但作爲學術研究的經典原著讀本，紙質版本更利于記憶和研究之用。本叢書精揀版本最早、品相最佳的原版圖書作爲底本，因而還具有很高的版本收藏價值。

『民國專題史』的著作是民國學者對于那個時代諸問題之探究，往往有獨到之處，無論其資料、觀點短長得失如何，要之在中國現代學術史的構建與發展進程中，自有其開宗立論之地位。

弁言

國際智識合作運動，僅於十九世紀末葉始略具萌芽，入二十世紀乃漸發達，歐戰以後則始蔚成大觀，故其歷史甚暫。本編所述泰半爲二十世紀中之事實，而於戰後情形臚敍特詳。

國際智識合作之主要運動，自不外各種國際學術團體之組織及其事業之發展，故本編所述，幾全爲各種國際學術團體之史實。但其事蹟初無若何顯著蛻嬗關聯之迹可尋，故欲綜合之而作系統之敍述，殊屬難能，不得已僅以歐戰前後爲分野，分別述之。

本編所述既以國際學術團體爲主，故遇某種學術本身運動史實與團體史實初不相涉者，則因格於體例，概不詳述。

本編範圍，原屬甚廣，惟以編者學識淺陋，復以參考資料之缺乏，而於中西載籍中又無相類書册足資藍本之助，故雖率爾飣餖成編，終不免貽笑大雅，幸祈讀者教正之。

本編纂輯時，曾承程寰西、何柏丞、竺藕舫、江鍊百、周越然、敖宜生、胡愈之、唐鳴時諸先生之指教或代爲搜集資料，謹此誌謝。

本編參考之書籍、雜誌、會刊、日報，都凡數十種，除下列諸書

Encyclopædia Britannica (1910) [Supplement (1922)]

New International Encyclopædia (1923) [Supplement (1925)]

New Larned History.

Nelson's Encyclopædia.

Encyclopædia and Dictionary of Education.

中之各篇材料自由參考引用外，其尤屬重要之書文，謹錄於次，以誌謝忱：

竺可楨著：汎太平學術會議之過去與將來（東方雜誌二十四卷四號）

張雲著：國際學術研究會議和中國科學之發展（科學十一卷十期）

何作霖著：國際智識界的合作運動（東方雜誌二十三卷十九號）

殷芝齡著：世界教育會議之經過

任鴻雋著：近世科學研究的趨向（民國十二年申報雙十節增刊）

第一屆世界教育會聯合會大事記（教育雜誌十七卷七號）

國際語運動（東方文庫之一册）

"International Science" in Encyclopædia Britannica Supplement.

Official Publications of the League of Nations up to April 1927.

W. G. Leland: "The International Committee of Historical Science," American Historical Review, Vol. XXXI, No. 4 (1926).

R. M. Yerkes: The New World of Science, Chap. XXII and XXIII.

H. E. Gregory: "Pacific Science Congress," Scientific Monthly, Vol.

XIX, No. 3 (1924).

<u>張輔良</u>識，<u>民國</u>十六年十月十五日。

國際智識合作運動史

目錄

弁言
第一章　緒論——國際智識合作之需要……一
第二章　國際智識合作運動之途徑……九
第三章　世界大戰以前已有之國際智識合作團體與事業……三七
第四章　世界大戰以後新興之國際智識合作團體與事業（上）……五九
第五章　世界大戰以後新興之國際智識合作團體與事業（下）……八七
第六章　結論……一〇八

國際智識合作運動史

第一章　緒論——國際智識合作之需要

法儒孔德（Comte）嘗謂人類之智識係循以下三時代而進化：一曰神學時代，二曰玄學時代，三曰科學時代。當神學與玄學時代，人類之智識，初則祗求知事物之意志，繼則各本一己之經驗而加以玄渺之解釋而已。自科學進化而後，神學與玄學之智識乃漸歸於淘汰，於是凡不經精密而確切之觀察與實驗者，即不得謂爲正確之智識。故居今日之科學時代，幾有舉凡一切智識俱須加以科學方法研究之趨勢；而此種應用科學方法研究而獲之智識，則亦皆得謂之科學。徵諸湯姆生（J. A. Thomson）諸氏之科學分類法，其範圍之廣博，殆舉一切智識而俱包括之矣。

論科學基本之性質，應具以下之三項特徵，曰永久性，普遍性，廣大性。正確之智識，乃應用科學方法而得者也，故其亦當具此三項特徵，自屬無庸置疑。蓋科學之所探求者，原爲事物之眞理，初不隨時地而變易其價值，特以吾人所用儀器之精粗，觀察範圍之廣隘，基本智識之深淺，從而判別其切近眞理之程度爲何如耳。自放射原質之發見，原質不變之說乃爲之動搖；自愛因斯坦相對論（Einstein's theory of relativity）之發明，牛頓（Newton）萬有引力之說，遂相形見絀。顧夷考其實，道爾頓（Dalton）之原子論，與牛頓之萬有引力說，初不因是而喪失其價值。此之謂永久性。物質不生不滅之定律，試之各地各物而皆準。此之謂普遍性。至若地球與生物演化之研究，探本窮源，則當追求至億萬年前，冥搜達千萬里外，觀察之範圍愈廣，斯所獲之智識愈精。此之謂廣大性。

且夫智識者，解決環境困難之工具也。吾人既同爲圓頂方踵之人類，生居於斯地球之上，故就大體言之，俛仰周矚，環境悉同。是以人類之智識，雖有高下精麤之別，然其力謀所以克服自然以圖生存之道，其目的要莫不相同焉。斯智識之所以初無民族或國家之界限而應爲全人類之公器也。

在昔神學與玄學時代，吾人漂渺蕩漾之智識，固可各憑一己冥行摸索之研究，實行其閉門造車出而合轍之陋見以求之。及至近世科學時代，人類之智識愈進步，世界之交通愈敏捷，於是世人往來接觸之機會愈頻繁，而其利害相共之關係亦愈密切矣。矧乎正確智識之性質，既具永久，普遍與廣大之特徵，人類求知之目的既同爲克服自然以圖生存，而其所用以研究之科學方法則復以廣博精細之觀察與實驗爲主歸，是以科學時代智識之探求，不復適用疇昔閉戶下帷，冥行摸索之態度。加以時間與經濟之關係，自不得不趨於國際合作之一途，於是國際智識合作之運動以興矣。

譬諸牛頓之萬有引力定律，於一六六六年，卽已有得於心矣。徒以當時地球緯度測量之未精，故由計算所得月球軌道未能適合。逮一六七一年，法國科學會會員皮伽耳氏(P. Picard)精確測量之結果出，而後牛頓乃得據以改正其計算，而引力之說以定。又近如愛因斯坦相對論之以光線能因引力而屈折，雖在吾人吸力區域，其屈折甚微，然行經太陽近旁時，則應有一·七弧秒之屈折。此可於太陽全蝕時攝取恆星之影驗之。一九一九年五月二十九日適逢太陽全蝕之期，時愛因斯坦雖不克親赴南非以行攝影之實驗；然英國王家天文學會則先期派遣其著名天文家愛丁頓（Eddington），克綸米林（Crommelin），德衞孫（Davidson）諸人，分往巴西之索布剌爾（Sobral）與非洲西岸之比林西卑（Principe）攝取日蝕之影片。測量之結果，全如理論所豫言，於是相對論乃得實驗之證明。此皆足徵智識乃人類之公器，而有待國際合作之研究。

考國際智識合作之運動，當以國際權度會議為嚆矢。法既草創權度十進之制，一七九八年乃邀請歐洲各國派遣代表至巴黎。當時應法之邀請而莅會者，計凡九國。其後十進制逐漸推行於世界各國，逮一八六九年，乃有國際委員會之組織，從事十進制標準權度之釐訂。至一八七三年，則更進而成立國際權度局於法之色佛爾（Sévres）。良以權度制之統一，關係各種科學之基本單位，國際智識之合作，自當以此為首要之務。

繼此而起之國際科學研究，則當首推國際天文圖表(International Astrographic Chart)爲先河。已創議攝取天體詳細圖影者，爲英之季爾(David Gill)；顧組織國際會議以竟其功者，則以法國巴黎觀象台主任摩拆兹(Mouchez)之力爲多。一八八七年，舉行國際會議於巴黎，議以攝影遍測天象之法，於是十七國之代表五十六人議決合作二千萬顆星斗之攝影。參與此役者，散在全世界之觀象臺凡十有八，其中屬於不列顛者計凡六，所屬於法蘭西者四，屬於意大利者二，屬於德意志芬蘭與智利者各一。圖成時高計三十英尺，重凡十噸云。如此鉅大之工作，詎爲一國或一團體所易奏功邪？

地質上冲積層之研究，爲地質學及經濟學甚有價值之問題。顧欲研究此問題，則不可不知近世冲積與沉澱之成因，及冲積沉澱之變動與其變動之原因。欲知此二者，自必更須考察現今冲積與沉澱之各種情形。於是舉凡沙漠之地，乾燥之鄉，潮濕之區，大湖之底，冰河之磨礱，海岸之淘刷，三角洲，伏流灘與半熱帶海洋之隱岩，無一不當加以盡量之研究。此又非一國或一團體所克奏功也。

至論生物，全世界現時生存動物之已知者，計共五十萬種以上，而自化石之研究所考知者尚有五萬種以上；總計則共五十五萬種以上。植物之已經發見而定有學名者，種子植物約在十三萬三千種以上，孢子植物約在十萬種以上；而其尚未發見者，種子植物約一萬餘種，孢子植物約五十萬種。是則所已發見之植物都凡二十三萬三千種以上，併其尚未發見者計之，則共約三十萬種。更將動植物合計之，其數則在八十五萬種以上。乃欲一一研究其形體生理分類及其與外界之關係，是又豈一國或一團體所能奏效哉？

埃及古物之研究，自一七九八年法皇拿破崙率領科學考查團至埃及探考古蹟而後，他國之繼至探考者，凡一世紀以上矣。普魯士王威廉亦嘗有埃及考古隊之派遣，自一八四二年至一八四五年，長其隊者卽著名學者列卜修司（K. F. Lepsius）氏也。法國政府自一八八〇年以還，且設永久考古隊於埃京開羅（Cairo），從事埃及古蹟之研究，且以訓練考古之人才焉。英美協會（The Anglo-American Society）則成立於一八八二年，其埃及考古基金，乃由愛德華滋女士（Miss A. B. Edwards）所捐助。此足徵古物學亦有需國際合作之研究。最近中國學術團體協會，亦本斯意，容納瑞典斯文赫定之協助，組織中西合作之西北科學考查團，從事考查西北科學之事務。若夫假智識合作之名而行文化侵略之實，以肆其帝國主義之野心者，不特有失智識合作之本旨，抑亦國際間之罪人也。

吾人讀科學史時，常發見同一學理同時為數人獨立研究而發明者，例如英國之牛頓（一六八七年）與德之來布尼茲（Leibnitz）（一六八四年）同時發明微積學；俄之門對雷葉夫（Mendeléjeff）與德之邁爾（Meyer）同於一八六九年發明化學原質週期律。又如門得爾（Mendel）之遺傳律，氏於一八六五年即已發表其"Versuch über Pflanzenhybriden"論文於布隆博物學會（The Natural History Society of Brünn）會誌中，特以世人初未加以注意，故不見稱於當時。直逮千九百年，荷蘭之得甫里斯（De Vries），德之科棱茲（Correns）與奧之拆馬克（Tschermak）同時作植物遺傳之實驗，因之發見斯律，而後方知門得爾氏於三十五年以前則已發表之矣。更如達爾文之天演論，華勒斯（A. R. Wallace）同時亦嘗發見其說，氏於一八五八年著"On the Tendency of Varieties to Depart Indefinitely from the Original Type" 一文，達爾文見之乃始公布其天演論；於是兩氏之論文同行發表於林尼阿學會（The Linnean Society）一八五八年八月之會誌中。特以華勒斯論文中未用「天演」一詞，因遂崇奉達爾文爲天演論之鼻祖。諸凡此類之事例，科學史中殆不勝縷指焉。斯足徵獨立研究有時或蹈重覆之弊，抑亦足以反證國際智識合作之重要也。

顧國際智識合作之重要，不僅如上所述諸理由而已。自十七世紀以來，世人所努力於世界和平運動者，亦已多矣。何以終尠成效？國際誤解之未能祛除，是又安望爭端之能倖免乎？惟智識乃人類之公器，而無民族國家之界限可言。亦惟國際智識之合作，始能祛除國際之誤解，而奠世界和平於苞桑之固也。英儒韋爾斯（H. G. Wells）所謂「文明新聖經之創造」（the creation of a new Bible of civilization），舍國際智識合作之努力，豈有他道哉？世界大戰所予世人創鉅痛深之教訓，愈徵國際智識合作運動之必要。爰草國際智識合作運動史，以供國人留意現代國際運動者之參考焉。

第二章　國際智識合作運動之途徑

國際智識合作之需要既如上述，茲乃進而敘述國際智識合作運動之途徑。

論國際智識合作之運動自當以國際學術團體之組織爲主要。就其研究之問題與進行之方法言之，國際學術團體概可別爲三類：一爲策進觀察方法與計量標準之統一者，二爲合作研究以謀學術之進步者，三爲舉行會議以便各國學者交換其意見者。第二類所研究之問題，必需合作始克奏效，有時且爲節省時間與經濟之故，必需國際合作者。茲姑就世界大戰發生（一九一四年）以前所有國際學術團體之較著者，分類舉例於次。

第一類——策進觀察方法與計量標準之統一者——

一、國際米突制委員會（Commission Métrique Internationale）與國際權度局（Bureau International des Poids et Mesures）。

二、國際電學單位標準委員會（International Committee of Electrical Units

and Standards）。

三、國際材料試驗會（International Association for Testing Materials）。

四、國際電工委員會（International Electro-Technical Committee）。

五、國際原子量委員會（International Committee on Atomic Weights）。

六、國際理化常數表年報委員會（Comité International pour la Publication annuelle des Tables des Constantes Physico-chimiques）。

七、國際光照委員會（International Commission on Illumination）。

八、國際天文曆書會議（Conférences Internationales des Ephémérides Astronomiques）。

九、國際氣象委員會（International Meteorological Committee）。

十、國際太陽學會（International Solar Union）〔亦見第二類之七〕。

十一、國際電報協會（International Telegraphic Union）。

十二、國際無線電公約（Agreements on Radio-telegraphy）。

十三、國際時政委員會（Commission Internationale de l'Heure）與國際時政局（Bureau International de l'Heure）。

十四、國際歷法改良會議（International Congress on the Refrom of the Calendar）。

十五、世界語大會（La Universalaj Kongresoj de Esperanto）。

十六、國際語音學會（International Phonetic Association）。

第二類——其問題必需國際合作研究者——

一、國際測地學會（International Geodetic Association）。

二、國際地震學會（International Seismological Association）。

三、國際天文報告委員會（International Commission for the Telegraphic Distribution of Astronomical Information）。

四、國際農學會（International Agriculture Institute）。

五、國際海洋考查會議（International Council for the Exploration of the Sea）。

六、馬累研究所（Marey Institute）。

七、國際太陽學會〔亦見第一類之十〕。

八、國際氣象委員會中之各科專門委員會（Scientific Sub-Committees of the International Meteorological Committee）。

九、國際智力研究委員會（International Committee for the Investigation of the Brain）。

十、國際社會學會（International Institute of Sociology）。

十一、那不勒斯動物研究所（The Zoölogical Station at Naples）。

十二、國際天文圖表（International Astronomical Chart）。

十三、國際世界地圖（Carte Internationale du Monde au Millionième）。
十四、國際科學書報目錄（International Catalogue of Scientific Literature）。

第三類——爲便各國學者交換意見而定期舉行之國際學術會議：——

一、國際數學會議。
二、國際歷史學會議。
三、國際地理學會議。
四、國際社會學會議。
五、國際化學會聯合會議。
六、國際應用化學會議。
七、國際礦、冶、工程及經濟地質學會議。
八、國際放射學會議。
九、國際地質學會議。

十、國際植物學會議。
十一、國際動物學會議。
十二、國際昆蟲學會議。
十三、國際禽鳥學會議。
十四、國際生理學會議。
十五、國際解剖學會議。
十六、國際人類學會議。
十七、國際醫學會議。
十八、國際衛生學會議。
十九、國際癌癰研究會議。

就上所舉者觀之，國際學術團體之多及其研究學科之廣，已可窺見一斑矣。夫以各專門學者組織各種獨立學術團體共同研究某一特別之問題，固甚有利於學術之進步，自屬多多益善。顧亦有弊端存焉。其一卽團體之繁複。試就上表觀之，其中關於天文問題之研究者，計有獨立之團體凡五。雖其所研究之問題固爲各不相涉者，然以開會次數之增多，會議地點之散處四方，諸天文學家抑且疲於奔命焉。職是之故，殆已必需組織一範圍較廣之國際團體以研究天文學之全部。是以世界大戰以前，各國學者常注意於新國際學術團體之組織，以應各科學術研究特殊之需要，迨世界大戰而後，其趨向迺爲之一變。曩者比利時嘗首告奮勇，欲集中一切國際智識合作之事業，爰於其京城布魯塞爾（Brussels）設一國際學術機關中央局（Office Central des Institutions Internationales）。據該局調查之報告，世上國際團體及會議，其數計凡二百七十有九之多，惟其中頗多屬於社會方面，半政治性質或商業性質者耳。其關於學術研究而爲前表所未列入者，茲更擇要錄示於次：——

一、基督教國際科學改進會（Association Internationale des Catholiques pour le Progrès de la Science）。

二、世界科學聯合會（Alliance Scientifique Universelle）。

三、國際航空案卷局（Office International de Documentation Aéronautique）。

四、國際數理科學書目委員會（Commission Permanente du Répertoire Bibliographique International des Sciences Mathématiques）。

五、國際統計學會（Institut International de Statistique）。

六、國際海洋委員會（Comité Maritime International）。

七、國際航空裁判委員會（Comité Juridique International de l'Aviation）。

八、國際熱帶農學會（Association Internationale d'Agronomie tropicale）。

九、國際數理科學教育委員會（Commission Internationale pour l'Enseignement des Sciences Mathématiques）。

十、國際四元學研究促進會（Association Internationale pour Promouvoir l'Étude des Quaternions）。

十一、國際製革化學家聯合會（Association Internationale des Chimistes des

Industries de Cuir）。

十二、國際食物分析法統一問題研究委員會（Commission Internationale pour l'Étude de la Question de l'Unification des Méthodes d'Analysis des Denrées alimentaires）。

十三、國際人種學研究局（Bureau International d'Ethnographie）。

十四、國際植物學家協會（Association Internationale des Botanistes）。

十五、國際禽鳥學委員會（Comité Ornithologique International）。

十六、國際解剖學家協會（Association Internationale des Anatomistes）。

十七、國際心理生物學與社會生物學現象測定委員會（Commission Internationale Permanente de Détermination des Phénomènes psycho-biologiques et socio-biologiques）。

十八、國際公共衞生局（Office International d'Hygiène Publique）。

十九、國際衛生局（International Sanitary Bureau）。

二十、國際藥局方統一幹事會（Secrétariat International pour l'Unification des Pharmacopées）。

二十一、國際氣候學會（Association Climatologique Internationale）。

二十二、國際防杜結核病研究會（Association Internationale contre la Tuberculose）。

二十三、國際發電所協會（Union Internationale des Stations Électriques）。

二十四、國際電報管理局（Bureau International des Administrations Télégraphiques）。

二十五、國際航海會議永久委員會（Association Internationale Permanente des Congrés de Navigation）。

二十六、國際殖民地農學會（Association Scientifique Internationale d'Agronomie Coloniale）。

二十七、國際森林試驗場聯合會（Union Internationale des Stations de Recherches Forestrières）。

二十八、國際攝影協會（Union Internationale de Photographie）。

二十九、國際攝影學會（Institut Internationale de Photographie）。

三十、國際南北極探險會（Association Internationale des Explorateurs Polaires）。

三十一、國際南北極學會（Institut Polaire International）。

三十二、洛茲國際生理實驗室（Laboratoire International de Physiologie du Mont Rose）。

國際學術團體之範圍較廣者，當以國際學會聯合會（International Association of Academies）之組織為其嚆矢。是會成立於一八九九年；各國著名學會之加入者，至一九一三年，計凡二十有四云。逮世界大戰而後，英法諸協約國爲抵制德奧之科學侵略計，爰根據一九一八年十月倫敦會議之議決案，於翌年七月成立國際學術研究會議（International Research Council）於比京布魯塞爾。此會議成立以後，各國應時勢之要求相將加入者，迄今已有二十四國。其所已組織成立之學術研究協會，計有以下八科矣：

（一）國際天文學協會（International Astronomical Union）。

（二）國際地形學及地質物理學協會（International Union of Geodesy and Geophysis）。

（三）國際純粹化學及應用化學協會（International Union of Pure and Applied Chemistry）。

（四）國際純粹物理學及應用物理學協會（International Union of Pure and Applied Physics）。

（五）國際數學協會（International Mathematical Union）。

（六）國際生物學協會（International Union of Biological Sciences）。

（七）國際地理學協會（International Geographical Union）。

（八）國際無線電學協會（International Union of Scientific Radiotelegraphy）。

而在各國，則有各國學術研究會議（National Research Council）之組織。

國際聯盟於一九二二年更有國際智識合作委員會（Committee on Intellectual Coöperation）之成立，任命英美德法西比巴意等國著名學者十三人爲委員，今則增至十有四人。該委員會中又設立若干分組委員會，今其所設者計有以下五組：

（一）大學聯絡分委員會（Sub-Committee for University Relations）。

（二）書目分委員會（Sub-Committee for Bibliography）。

（三）文學美術分委員會（Sub-Committee for Arts and Letters）。

（四）智識所有權分委員會（Sub-Committee on Intellectual Rights）。

（五）青年兒童教育專家分委員會（Sub-Committee of Experts for the Instruction of Children and Young People）。

而在各國則有各國智識合作委員會（National Committee on Intellectual Coöperation）之組織。

一九二四年七月，法國政府會向國際智識合作委員會提議設一國際智識合作學院經費二百萬佛郎。經第五次國際聯盟大會審議之結果承認其提案復經一九二五年九月第六次國際聯盟大會最後之決定，國際智識合作學院（International Institute of Intellectual Coöperation）於巴黎，每年由法政府支給。遂於一九二六年一月舉行成立典禮。此學院之組織，計分總務，美術，大學，文學，通信，科學，法律諸部，各設部長一人以主其事。

世界大戰以後新興之大規模國際智識合作團體，除上所述者外，其尤為吾國人所嘗注意者，則為汎太平洋學術會議（Pan-Pacific Science Congress）。此會議初為美國學術研究會議所發起，於一九二〇年乃由夏威夷汎太平洋協會召集第一次會議於火奴魯魯（Honolulu）；一九二三年，乃由澳洲學術研究會議召集第二次會議於澳洲之悉德尼（Sydney）與墨爾本（Melbourne）兩地。一九二六年十月，則由日本學術研究會議召集第三次會議於東京，我國代表出席者都凡十有二人。經此次會議之結果，汎太平洋學術會議乃更名爲太平洋科學會（Pacific Science Association）而成爲永久機關。其第四次會議則將於一九二九年舉行於爪哇（Java）云。

國際學術團體之組織、事業、與趨勢，吾人茲可窺見其大概矣。昔之專就各科組織國際合作研究團體以應其特殊之需要者，輓近則漸行歸併於範圍博洽之組織中，藉免團體繁複之弊而收統一合作之效焉。觀於世界大戰以後新興國際智識合作團體之組織愈備，範圍愈閎，足徵國際智識合作運動之方興未艾也。茲更旁論其他方面之有關於國際智識合作者。

各國教員與教授之交換，此甚有裨於各國學術之進步，亦爲國際智識合作之一端。一國之學術，因受一二外國學者訓迪鼓勵之影響，而蔚成風氣，蓬勃興盛者，乃各國學術史上所常有容任意摭拾一二事例以徵之。阿伽西（Louis Agassiz）（一八〇七——七三）者，瑞士動物學家也。一八四六年，受聘赴美講學於波士頓（Boston）之羅威爾學院（Lowell Institute）；自一八四八年以後乃任哈佛大學羅凌士科學院（The Lawrence Scientific School of Harvard University）之博物學教授以終其生。氏之膺聘赴美也，蓋以訓迪其國之後進而促進美國博物學之發達爲己任。卒也殫精竭慮創設方今世上首屈一指之比較動物學院（Museum of Comparative Zoölogy）於哈佛，而美國著名生物學者若氏之喆嗣亞歷山大（Alexander Agassiz）與夫阿倫（J. A. Allen），葛拉克（H. J. Clark），加門（S. Garman），亥阿特（A. Hyatt），帕刻德（A. S. Packard），帕特喃（Putnam），約但（D. S. Jordan），模斯（E. S. Morse），舍勒（N. S. Shaler），味里爾（A. E. Verrill）等輩皆其入門之弟子。阿伽西所影響及於美國生物科學之發達者，爲何如耶？何夫曼（August Wilhelm von Hofmann）（一八一八——九二）者，德之著名化學家也。初任利比喜（Liebig）之助教於基森實驗室

（Giessen laboratory），一八四五年，乃任波昂大學（University of Bonn）之化學教師。時英國正新設王家化學專門學校（Royal College of Chemistry）於倫敦，何夫曼因利比喜之推薦，遂榮膺該校主任之職。一八六一年，更膺選爲倫敦化學會（London Chemical Society）會長。若彼發明空前未有之煤膏染料「卯符」（Mauve）之拍琴氏（W. H. Perkin）暨從事煤膏第一蒸餾液石腦油之研究而取得純困（benzene）之曼斯菲爾德氏（C. B. Mansfield）諸輩，皆其栽培成材之弟子也。英國化學研究之進步及有機化學工業之發展，何夫曼之功良非尠焉。近如英哲羅素（Bertrand Russell）與美儒杜威（John Dewey）之來吾華講學，其影響於吾國學術界之風氣者，亦至深且鉅。是以世界著名各大學常有交換教授之舉；擷人之長，彌己之短，分己所有，供人所需，斯誠互助合作之道。美之哈佛大學與法之巴黎大學嘗相立約交換其教授，行之蓋已有年矣。一九二三年在美國舊金山舉行之世界教育會議，關於交換教員與教授之問題，嘗有（一）設立國際教育僱用局，（二）務使交換教員事業普及各國，及（三）各國交換教員應包括初中高各部人員之議決案。今國際聯盟中智識合作委員會之大學聯絡分委員會，其一部分事業亦爲促進各國交換教員與教授之實現。

各國學會之設立，固爲促進國內學者之合作以謀其國學術之進步與文化之發達，然關於有需國際合作研究之問題，亦未始不各盡其力以赴之。各國學會中所以常設外國會員之名額，蓋亦國際智識合作之一道。夙著盛名之法蘭西科學會（Académie des Sciences），其初卽嘗邀請外國博學者（foriegn savants）之加入，如丹麥天文學家洛涅（Roener）卽其一也。德之契耳和森（Tschirnhausen）與英之牛頓皆嘗膺選爲其外國會員。彼得大帝之籌設聖彼得堡皇家科學會（Académie Impériale des Sciences de Saint-Peterbourg）也，嘗聘德儒華爾富（Wolff）與來布尼茲爲之策畫，並擬邀請其他外國著名學者數人爲其會員。迨喀德麟第一（Catharine I）卽位，力繼彼得未竟之志，於是一七二五年皇家科學會乃告成立。一七二六年八月一日之大會，喀德麟且親蒞會場，恭聆德儒比勒芬格（G. B. Bilfinger）「磁差與經度之測定」之演講。當時推舉世界著名學者十有五人爲其會員，最著稱者如瑞士之柏努利・尼古拉（Nicholas Bernouilli）與柏努利・達尼爾（Daniel Bernouilli）及德之比勒芬格與華爾富諸氏。英國王家學會（The Royal Society）一九二〇年之外國會員都凡五十人，殆居其全體會員之什一。奧國維也納科學會（Akademie der Wissenschaften in Wien）於一九二四年其數理科學部中計有外國名譽會員七人，外國通信會員四十三人，哲學歷史部中計有外國名譽會員八人，外國通信會員四十五人；以全體外國名譽會員及通信會員與其本國會員及通信會員之總數比較，相差僅爲二十一人。比利時王家學會（l'Académie royale des Sciences, des Lettres des Beaux-Arts de Belgique）一九二五年之本國會員暨通信會員都凡一百二十一人，而外國會員都凡一百四十七人。德國普魯士科學會（Preussische Akademie der Wissenschaften）一九二五年計有外國會員三人，外國通信會員六十五人，約當其本國會員及通信會員三分之一，而強各國對於智識合作之重視，卽就此論，亦可窺見其一斑矣。

國際學術獎金之立，所以鼓勵世界學術之研究，藉謀人類幸福之增進。然其所影響於世人之觀感者，亦足間接促進國際智識合作運動之精神焉。容舉諾貝爾獎金（Nobel prizes）之事一敍述之。諾貝爾（Alfred B. Nobel）者，瑞典化學家與工程家也。發明硝酸甘油之各種炸藥，卒以製造炸藥與開發油田而致富。臨終遺囑，以九百二十萬金圓充作獎金基金，每年即以其息分獎世人對於物理，化學與生理或醫學之有最重大發明者，於文學有富具高尙理想之作品者，及於世界和平嘗竭力促進其實現者。其物理與化學之獎金由瑞典王家科學會判定之，其生理或醫學獎金由斯德哥爾摩（Stockholm）喀羅林研究所（The Caroline Institute）判定之，其文學獎金由瑞典學會判定之，而其和平獎金由挪威國會所選之評判委員五人決定之。每年獎金總數約爲二十萬金圓。諾貝爾於國際獎金以外，並囑設立關於各科之研究所，至一九一五年已告成立之研究所凡三：一爲瑞典學會之諾貝爾研究所，內設圖書館一，專藏文學書籍，書籍目錄，及著作家列傳之載籍，都凡萬八千卷；二爲瑞典科學會之諾貝爾理化研究所，設有一完備之科學圖書館；三爲挪威之諸貝爾研究所，其圖書館則專藏關於國際法及世界和平運動之書籍。各研究所除爲協助擇定得獎者之人選外，亦從事於重要創作之研究。茲將歷年得諾貝爾獎金者之姓氏及其國別列表於次：

	物理學	化學	醫學	文學	和平
一九〇一	欒琴（德）W. K. Röntgen	凡特荷甫（德）J. H. Van't Hoff	白令（德）E. A. von Behring	緒利普律頓（德）R. F. A. Sully-Prudhomme	度農（瑞士）H. Dunant 帕栖（法）F. Passy
一九〇二	羅倫芝（荷）H. A. Lorentz 最曼（荷）P. Zeeman	斐雪（德）E. Fischer	羅斯（英）R. Ross	蒙森（德）T. Mommsen	度昆曼（瑞士）E. Ducommun 哥巴特（瑞士）A. Gobat
一九〇三	柏克勒爾（法）H. A. Becquerel	阿累尼阿斯（瑞典）S. A. Arrhenius	芬森（丹）N. R. Finsen	邊孫（挪）B. Björnson	克勒麥（英）W. R. Cremer

	居禮（法） P. Curie 居禮夫人（法） Marie Curie				
一九〇四	累力（英） Lord Rayleigh	拉姆則（英） W. Ramsay	帕甫羅甫（俄） I. P. Pavlov	米斯特拿爾（法） F. Mistral 厄折加賴（西班牙） J. Echegaray	國際法律學會 Institut de Droit International
一九〇五	勒納爾（德） P. Lenard	封拜厄（德） A. von Baeyer	科和（德） R. Koch	顯克微支（波） H. Sienkiewicz	封蘇特涅男爵夫人（奥） Baroness Bertha von Suttner
一九〇六	湯姆孫（英） J. J. Thomson	穆阿桑（法） H. Moissan	拉蒙·伊·卡哈爾（西班牙） S. Ramón y Cajal	卡杜契（意） G. Carducci	羅斯福（美） T. Roosevelt

一九〇七	邁克爾孫（美） A. A. Michel- son	畢希訥（德） E. Büchner	拉物瀾（法） C. L. A. Laver- an	吉卜寧（英） R. Kipling	摩內塔（意） E. T. Moneta 縣諾（法） L. Renaut
一九〇八	李孛曼（法） G. Lippmann	刺得福（英） E. Rutherford	厄耳力士（德） P. Ehrlich 麥奇尼可夫（法） E. Metchnikoff	倭鏗（德） R. Eucken	阿諾爾德孫 （瑞典） K. P. Arnold- son 巴澤（丹） M. F. Bajer
一九〇九	馬可尼（意） G. Marconi 柏藍（德） F. Braun	阿斯特瓦德（德） W. Ostwald	科赫耳（瑞士） T. Kocher	拉革勒夫（瑞典） Selma Lagerlöf	厄斯圖內爾男 爵（法） Baron d'Estour- nelles de Con- tant 貝耳涅（比） A. Beernaert

一九一〇	凡特瓦爾（荷） J.D. van der Waals	瓦拉希（德） O. Wallach	考塞爾（德） A. Kossel	海最（德） P.J.L. Heyse	百倫國際永久和平局 International Permanent Peace Bureau at Bern
一九一一	維恩（德） W. Wien	居禮夫人（法） Marie Curie	谷爾斯特蘭德（瑞典） A. Gullstrand	梅德林克（比） M. Maeterlinck	阿塞（荷） T. M. C. Asser 夫利德（奧） A. Fried
一九一二	達林（瑞典） G. Dalén	格里涅（法） V. Grignard 薩巴退（法） P. Sabatier	卡勒爾（美） A. Carrel	霍卜特曼（德） G. Hauptmann	魯特（美） E. Root
一九一三	翁尼斯（荷） H. K. Onnes	偉爾納（瑞士） A. Werner	利舍特（法） C. Richet	太戈爾（印度） R. Tagore	拉封滕（比） H. La Fontaine

一九一四	封勞（德） M. von Laue	理查哲（美） T. W.Richards	巴拉尼（奧） R. Barany	不獎	不獎
一九一五	布剌格父子（英） W. H. Bragg & W. L. Bragg	威爾斯退忒（德） R. Willstätter	不獎	羅蘭（法） R. Rolland	不獎
一九一六	不獎	不獎	不獎	封海登斯丹（瑞典） W. von Heilden- stam	不獎
一九一七	巴克拉（英） Chas. Barkla	不獎	不獎	澤勒魯普（丹） K. Gjellerup 蓬托皮丹（丹） H. Pontoppidan	日內瓦萬國紅十字會 International Red Cro-s of Geneva
一九一八	蒲耶克（德） M. Planck	哈柏（德） F. Haber	不獎	不獎	威爾遜（美） W. Wilson

一九一九	斯塔克（德）Prof. Stark	愛善（芬蘭）Prof Aishan	波得特（比）J. Bordet	斯匹忒勒（瑞士）C. Spitteler	不奬
一九二〇	威廉（法）C. Guillaume	內恩斯特（德）W. Nernst	克洛格（丹）A. Krogh	罕松（挪威）K. Hamsun	部耳追斯（法）L. Bourgeois
一九二一	愛因斯坦（德）Albert Einstein	索狄（英）F. Soddy	不奬	法蘭士（法）A. France	布藍亭（瑞典）H. Branting 朗格（挪威）C. Lange
一九二二	波耳（丹）N. Bohr	阿斯吞（英）F. W. Aston	希爾（英） 邁耶霍夫（德）	貝那汾退（西班牙）J. Benavente	那森（挪威）
一九二三	密爾根（美）R. A. Millikan	不奬	班琴（英） 麥克勒阿（英）	夏芝（英）W. B. Yeats	不奬
一九二四	西旁（瑞典）K. M. G. Siegbahn	不奬	愛因托芬（荷）W. Einthoven	累蒙特（波蘭）W. S. Reymont	不奬

就上表觀之，自一九〇一至一九二四年，世人之曾得諾貝爾獎金者計共一百十六人，其中女士凡三人，卽居禮夫人（得獎兩次）拉革勒夫與封蘇特湼男爵夫人是也。若以國別計之，德二十六人，法十九人，英十七人，瑞典八人，瑞士六人，美國荷蘭與丹麥各六人，比利時與挪威各四人，意奧與西班牙各三人，波蘭二人，俄羅斯印度與芬蘭各一人。而機關之曾獲諾貝爾和平獎金者凡三，國際法律學會、國際永久和平局、暨萬國紅十字會是也。

至於各國大學中國外學生之容納，固以發揚其國特殊文化於世界爲榮，然要亦國際智識合作之一端。巴黎中國學院暨莫斯科中山大學之設立，卽爲吾國與法俄政府文化合作之一例。法國爲在他國就地研究特殊文化美術之方便，曾設多數美術學院於他國，其尤著者如羅馬之法蘭西學院，西班牙京城馬得里之委拉斯基學院，雅典之法蘭西學校與埃及京城開羅之法蘭西東方古物學院。而今國際智識合作委員會亦正致力於各國大學之聯絡，以謀學生轉學之便利焉。

綜上所述，各國大學教授之交換，國際學術獎金之設立，各國學會之邀請外國會員，各國大學之容納外國學生，是皆有關於國際智識合作之事業也。共謀制度標準之統一，實行學術研究之合作，以及計畫國際學術團體之組織，而國際智識合作之運動於是乎與。自十八世紀國際權度會議以還，國際學術組織之相繼成立者，風起雲湧，與時俱進。迨世界大戰而後，世人慘受創鉅痛深之教訓，益覺人類聯合與世界和平之重要；顧爲治本之圖，自當竭力促進國際智識之合作，於是乃從事規模更閎之組織，擴張國際智識合作之運動焉。

第三章　世界大戰以前已有之國際智識合作團體與事業

世界大戰以前所有之國際學術團體與會議，吾人於上章中已擇要列舉其名稱矣。茲就吾人鉤稽采摭所獲之資料，照前章中分類之法，分別敍述於次，其無可攷者姑從闕焉。

第一類——策進觀察方法與計量標準之統一者：

一、國際米突制委員會與國際權度局

國際權度制之統一運動，可謂國際智識合作運動之濫觴。一七九八年，法國政府即嘗邀請歐洲諸國之代表會議於巴黎，攷察前數年間各國所行之權度事業。當時蒞會之國家，除法國外，計凡九國。迨一八五一年之倫敦萬國博覽會與一八五五年之巴黎萬國博覽會以還，統一國際權度制之需要，乃益爲世人所重視。一八六七年之巴黎博覽會中，則由數國代表組織一權度幣制委員會，從事討論統一之問題。同年，測地學會會於柏林，各國代表亦僉贊成採用米突權度制。一八六九年，巴黎科學會暨聖彼得堡皇家學會之權度研究委員建議召集國際委員會討論供給各國標準權度單位之問題。一八七〇年，法國政府乃邀請各國代表會議於巴黎，到會國家除法國外計凡二十四國。此國際委員會組織之目的，原爲討論摹製藏於法國金縢匱中標準權度之方法，是以諸凡所用金屬之成分，標準尺橫截面最適當之式樣，表示長度之方法（以尺之兩端距離表示或以刻於尺上兩細線間之距離表示）新製單位與法國所藏標準單位比較之方法，及如何測定因温度而起之變化等問題，皆在詳細討論之列。一八七二年，國際委員會舉行第二次大會時，議決以法國金縢匱中所藏標準公尺與標準公斤爲各國新權度之實際準則，並提議設一國際權度局於色佛爾，翌年乃告成立。惟國際委員會諸委員初非各國政府之正式代表；爲求議決案之能實施於各國起見，法國政府於是復行邀請各國之全權大使及其學術界之代表。一八七五年二十國之代表乃集會於巴黎，是卽所謂米突外交會議（The Diplomatic Conference of Meter）。現有之國際權度規約，尙爲此會議所訂定者也。國際權度局之觀測所，亦爲此會議所議設者，落成於一八七八年，凡用於測定國際權度之儀器如較尺器，天平，温度計等，俱行保藏於其中。一九一三年之頃，各國會向國際權度局領取權度標準而正式規定爲其國家模範權度者已達二十五國，國際權度局事業之重大，從可知矣。

二、國際電學單位標準委員會

一九〇八年國際電學單位標準會議舉行於倫敦，嘗議決由各國政府共同組織一永久國際電學單位標準委員會。於是乃請當時會議主席累力（Lord Rayleigh）指派科學委員十五人，從事規畫該委員會之組織，同時並管理關於電學標準之一切事務。此科學委員會之成績頗有可觀，惟彼永久國際委員會迄未正式成立。

三、國際電工委員會

國際電工委員會之組織，係根據一九〇四年在美國聖路易（St. Louis）所舉行之國際電工會議中各國政府代表之議決案，謂應設法促進世界各電工學會之合作，設一代表委員會討論電學儀器與機械之各項規定及名詞統一之問題。迨一九〇八年十月二十二日會議於倫敦，此委員會之章程乃經議決。國際電工委員會設總事務所於倫敦；各國則由各該國學會分別組織一電工委員會，代表各該國家出席於國際委員會。各國電工委員會之用款，各自分別籌措，至總事務所之用款，則歸各電工委員會分擔。一九一三年世界大戰以前在柏林所舉行最後一次之會議，到會國家計凡二十有四云。

四、國際材料試驗會

國際材料試驗會之組織，所以謀各國材料試驗方法之統一也。自一八八四年至一九一二年，曾開國際會議凡六次，一九〇九年舉行於丹麥京城哥本哈根，一九一二年舉行於美之紐約。會議之議決案固並無強迫各國必需遵從之性質，祗藉以表示多數之意見而已，惟此會所行之事業實甚屬重要也。

五、國際原子量委員會

國際原子量委員會係由歐美諸著名化學會協議所組織，成立於一九〇一與一九〇二年間。委員會之事務由英，美，德，法之化學會各舉代表一人處理之。此委員會之目的，爲編纂關於原子量測定工作之報告，審查其結果，並修正原子量表，以謀教授上及文字上之統一每年報告一次。

六、國際理化常數表年報委員會

國際理化常數表委員會係爲掌理刊行理化常數年表而組織，設總事務所於法京巴黎。英美德法荷蘭諸國內亦嘗設立特別委員會襄理其事。

七、國際光照委員會

此委員會係由各國科學團體所組織，其目的爲研究及促進光照術之知識與實用，並謀關於光照學術一切事物之一致嘗舉行會議討論其事、間有刊物行世。

八、國際天文曆書會議

歷來國際天文曆書會議之重要者，計有二次：其一舉行於一八九六年，討論太陽視差（solar parallax）及星行差（aberration）等常數之統一問題；其一舉行於一九一二年，討論各國合作研究之問題。

九、國際氣象學會議與國際氣象委員會

自一八九一年以還，各國氣象學會及天文臺之主任嘗定每十年間舉行國際會議一次。會議之目的，爲促進各國氣象學家之合作，統一各家之意見，而謀氣象學之發達。視所需要，嘗設多數委員會使之從事各項特殊問題之研究。當世界大戰發生之際，國際氣象學會議所設之委員會，除純粹氣象學諸委員會外，計有（一）航空學，（二）地磁學，（三）輻射學，（四）太陽物理學，暨（五）氣象學對於農業之應用諸委員會。

十、國際太陽學會

國際太陽學會，係由各國多數科學團體聯合組織之一協會。其中美國與法國之科學團體各三，德，英，意大利，與西班牙之團體各二，奧地利，加拿大，荷蘭，俄羅斯，瑞典與瑞士之團體各一。每三年間開會一次；會中事務由執行委員三人掌理之。國際太陽學會關於基本計量之成績，藉其各國會員獨立之研究業嘗測定光系各部中波長之次從標準，會中亦嘗設多種委員會，研究關於太陽斑點之光系及日光輻射之問題。一九一三年，國際太陽學會更議決擴大其事業之範圍，從事研究星體物理學之全部焉。

十一、國際電報協會

國際電報協會設局於瑞士之京城伯爾尼（Berne），由加入協會之國家擔任經費以維持之間嘗舉行會議協定國際電報規約頗多施行於各國局中每月刊行公報一册，名曰電報雜誌（Le Journal Télégraphique）。惟考此協會之性質，實近於行政機關而非純粹科學組織也。一八七五年十月二十三日於俄京聖彼得堡擬定之國際電報會約譯文，會載於國際條約大全（商務印書館本）書中，可參閱之。

十二、國際無線電公約

國際無線電會議一九〇六年舉行於德京柏林，當時訂立之國際無線電會公約譯或於國際條約大全中，可參閱之。一九一三年會議於英之倫敦。今年（一九二七）十月四日則將開會於美之華盛頓，聞各國均請派員到會，代表之人多屬海陸無線電專家云。

十三、國際時政委員會與國際時政局

當一九一二年巴黎之經度局（Bureau des Longitudes）召集國際會議時，嘗通過下列數議決案——：

（一）設法實行時政之統一。

（二）世界時政以英之格林維基（Greenwich）爲標準。

（三）籌設國際時政委員會。

爲實行第三項議決案起見乃先行組織一籌備委員會起草章程，其中關於國際委員會之目的與事業規定如次本委員會之事業爲用無線電信號或其他方法統一世界之時政，其目的或爲求科學研究之精準或爲應氣象學地震學航海業鐵路運輸郵政電務市政管理，鐘錶製造及家庭個人等之尋常需要並擬設一國際時政局藉以造就特殊研究之科學家。其一切經費規定由加入協會諸國之政府或科學團體分擔之。國際學會聯合會一九一三年在俄國聖彼得堡開會時，國際時政委員會之一切草案，會經提出討論，而爲與會各國代表一致贊成通過。不幸世界大戰發生，此事遂告停頓。

十四。國際曆法改良會議

近來世界各國通行之曆法，多半皆爲格列高里曆（Gregorian calendar），是卽吾國於一九一二年所採用之新曆。當世界大戰將行發生以前，格列高里曆法改良之計畫，頗引起各方面之注意。一九一三年國際學會聯合會開會於聖彼得堡時，曾設委員會專行討論其事。同年國際地理學會議舉行於羅馬，亦嘗討論及之。一九一三年在布魯塞爾舉行之國際學術團體聯合會議（Congress of International Associations）及一九一〇年，一九一二年與一九一四年歷次舉行之國際商會聯合會議（International Congress of Chambers of Commerce），亦皆有曆法改良之議決案。於是一九一四年五月，乃有國際曆法改良會議舉行於列日（Liége）焉。參與此會者爲各國著名之天文學家，其他科學專家，與夫商業界及耶穌教會暨天主教會之代表。此著名會議嘗詳細討論曆法改良之全部問題，並議決促進世界各國一致採用改良之新曆法。其新曆法之特點，爲年中某日恆爲星期中之某日不變；每年皆以三百六十四日（五十二星期）計；一年仍分爲十二個月；四月中一星期日爲耶穌復活節，係一固定之日期。當時各國代表咸希望瑞士政府更行召集一國際政府代表會議，討論此新曆法之實行問題，嗣因世界大戰發生，遂不果行。

十五、世界語大會

世界語大會為世界語學者之組織，於一九〇五年舉行第一次會議於法之布倫（Boulogne），實開國際語運動之紀元。大會規定每年開會一次，於世界各大都市輪流舉行。會中設永久委員會，專司籌備每年會議事務；並設世界語文字委員會（Esperantista Lingva Komitato），以謀世界語基本原則之保存及文字之進化。世界語中央事務所設於巴黎，辦理及輔助一般世界語運動，編製世界語運動之統計，及保管一切文牘。當世界大戰時間，世界語之運動自遭停頓。一九二一年八月，世界語大會在捷克斯拉夫京城柏拉格開第十三次會議，到會者凡三十餘國，二千五百餘人。大會並嘗正式招待國際聯盟事務局，國際紅十字會，國際勞動事務局等機關之代表。其第十四次會議，係於一九二二年八月在芬蘭首都赫星法斯（Helsingfors）舉行，十五次會議則於一九二三年八月在德國努連堡（Nüremberg）舉行。

在實際生活上應用世界語，以實現國際相互了解爲目的之最大組織，爲世界語協會。此會設總部於瑞士，而於世界大小都市約四千處俱派有代理員報告各地事情，並爲商業家與旅行家謀種種之便利，事業非常發達。據一九二一年世界語協會年鑑所載，關於世界語之國際團體及各國重要組織，計共四十有五之多云。

十六、國際語音學會

國際語音學會爲各國語音學者所組織，其宗旨在提倡以科學方法研究語音學，並以施諸各種實用。此會成立於一八八六年。及一八八八年，由會中徧徵各會員之意見，始編定國際語音學字母；無論何國語言，其音讀皆能以此字母表示之，而略有增損耳。會務由幹事員三十人所組織之幹事會指揮之，幹事由會員公舉，每年一次。其會員分普通與贊助二種，截至一九一二年八月，計共有會員約一千五百人，爲英國四百人，德國三百五十人，美國一百二十人，法國一百人，丹麥八十人，及奧匈，與瑞士各五十人云。會中出機關報曰 Maître Phonétique，迄今仍用國際語音學字母。今各國語言之已有用國際語音學字母之記法者，計凡四十種之譜。

第二類——其問題必需各國合作研究者：

一、國際測地學會

國際測地學會成立於一九〇二年，爲二十一國共同組織而成。其每年經常費殆爲三千鎊，概由加入之國所分擔，諸大國每年各納三百鎊。其規約每經十四年修訂一次。據該約所定，總事務所設於德國波次但（Potsdam）之普魯士測地學院（Prussian Geodetic Institute）。其會長，副會長及書記遴選各國之代表充之，其任期隨大會規約有效時期而進退。國際測地學會嘗致力於計量地心吸力所用懸擺之校準與比較，此爲其最有用之成績。晚近數年間，則殆肆全力於緯度變化之研究。

二、國際地震學會

國際地震學會成立於一九〇三年，步武國際測地學會之規約而組織者也。遴選德國斯特拉斯堡（Strassburg）之皇家地震研究所（Imperial Seismological Station）

爲其總事務所。其初法美英三國皆拒絕加入斯會，於是國際學會聯合會乃指派數人組織一委員會從事規約草案之修改，藉便法美英之加入委員會修改之規約，卒經大會一致通過；其主要修改之點如次，（一）斯特拉斯堡不必永爲總事務所之所在，總事務所之地址應由每三年舉行一次之大會中選定之；（二）會長之任期爲三年；（三）各國之加入斯會，不必定由各國之政府科學會亦得代表其國家加入之；（四）會長與各國機關之通信，概由大會之書記掌之，無需如原案所規定，必須經外交機關之手。修改規約通過以後，美國隨即加入而英法二國則仍遲至數年之後。加入者於是都凡二十國。國際地震學會之常年費約爲一千七百鎊，大國年各納一百六十鎊。總事務所之主要事務，爲接收及傳播關於地震之消息，並行刊佈有系統之地震詳表。會中一部分之經費，用於供給指定人員從事特殊研究之需。大會規約至一九一五年而期滿。

三、國際天文報告委員會

國際天文報告委員會，初爲歐美諸主要觀象臺之主任聯合籌畫以電報傳播天文消息之一團體。一八八三年各國天文學家開會於奧京維也納，於是籌備之計畫乃經公認而將來施行時之正式規約亦經議定。委員會之總部係設於德之基爾（Kiel）。會中一切經費，概歸接收該會天文報告之各觀象臺分行負擔。原定每觀象臺歲納六鎊，旋卽減輕，蓋電報公司對於一部分消息之傳遞不復收費也。

四、國際農學會

國際農學會成立於一九〇五年，設於意大利之羅馬，爲一收集及傳播農業統計及其他農業智識之國際機關。其主要目的爲供給各國以農業生產及分播之迅速而信實之估計及統計，農業進步之狀況，農業改良之方法，及一切關於農業之經濟及社會情況。此會之組織初爲美國琉丙氏（David Lubin）所創議，既邀多數國家之贊成，復得意王厄曼紐厄爾（Victor Emmanuel）之特別贊助，卒允召集各國使臣會議於羅馬，時爲一九〇五年五月二十九日至六月六日。到會之國家都凡四十。六月七日，遂擬定國際農學會之約文呈請入會各國政府核准簽押，是時我國使臣爲黃誥士君；其全部約章譯載於國際條約大全書中可參閱之。意大利王每年給付國庫六萬金洋以供會中之用。國際農學會之統治權，操於入會各國之代表大會（每二年舉行一次）與由每國一人所組織之永久執行委員會之手。此永久委員會負直接管理之責，其主席卽爲國際農學會之會長。代表大會之職務，爲審查會務之成績及計畫，核准會中之預算，並討論關於農業方法及農業發展之一切事項。例如當一九一三年五月舉行第四次大會時，其所討論之問題爲作物報告之方法，國際統計事務，家畜統計，農業合作，作物之冰雹保險，氣象學之國際事務，植物病害與蟲害，國際協約之建議，益鳥之保護，及乾耕之研究。國際農學會之事務，分設四局掌之；（一）總務局，（二）統計局，（三）農業智識與植物病害局，（四）經濟與社會事務局，各局皆有月報刊行。會中且設一極大之圖書館，收藏全世界之農業書籍甚豐，並發刊農業書籍論文目錄週刊一種。當世界大戰期內，國際農學會仍竭力繼續其事業，年來視前益加進步，至一九二四年，加入國際農學會之國家，都凡六十有四云。

五、國際海洋攷查會議

國際海洋攷查會議成立於一九〇二年，乃一八九九年斯德哥爾摩（Stockholm）國際會議與一九〇一年基利斯當尼亞（Christiania）國際會議討論之結果也。此會議組織之目的，專爲研究北歐諸海洋中之漁業問題；論其實際，與其謂係科學運動，毋寧謂係經濟及政治運動之爲近。其總部設於丹麥京城哥本哈根。其初加入此會議之國家，爲德，英，丹麥，荷蘭，挪威，俄羅斯，芬蘭及瑞典諸國。其第一次規約期爲五年，但每年仍繼續開會。會議中嘗設若干委員會，令其從事各項特殊問題之研究。

六、馬累研究所

馬累研究所爲法國生理學家馬累氏（E. J. Marey）於一八六四年所創設，專行研究生理學儀器之校準及改良問題。其實驗室建於法之巴黎，而其工作係由國際委員會掌之。法國政府歲捐二萬五千法郎，瑞士政府一千法郎。此外，巴黎學會，來比錫學會，聖彼得堡學會，英國王家學會及倫敦大學亦皆有臨時費之捐助。

七、國際太陽學會及國際氣象學委員會中之各科專門委員會此二團體之事業包括標準統一與科學研究之二方面，故兼屬於第一類與第二類。其歷史已敍述於第一類國際太陽學會中，茲不復贅。

八、國際社會學會

國際社會學會於一八九三年七月成立於巴黎。會員無多，殆全爲歐洲人士。常舉行會議，討論社會學之各種問題。

九、那不勒斯動物研究所

此爲一海濱動物研究所，位於意太利南部之那不勒斯，一八七二年爲德國博物學家多耳恩（Anton Dohrn）所建設。所中敍集各國動物學家，從事海濱動物之系統研究，尤注重於胚胎學與形態學。刊行各種表册，分給世界各國之研究者。其經費有時歸英美各國之學會、大學及其他機關擔任。

十、國際天文圖表

國際天文圖表者，乃各國分功合攝之詳細星辰照相也。先是一八八二年，天上發見一以是星之明亮也，乃於甚亮之彗星，而於南半球中視之尤爲明顯。英人季爾（D. Gill）乃好望角觀象臺試行攝取其影結果照相負片上發見甚多星影之極細斑點，因此季爾氏乃有攝取詳細天體圖表之動議。惟茲事體大，自非少數天文家與少數觀象臺所易奏功，通信討論之結果，法國政府遂於一八八七年召集國際天文會議於巴黎討論其事。於是乃由十七國之代表五十六人議決攝取精細完備之天文圖表，俾得永久成爲恒星研究之基礎。爲避免差誤起見，星影概行攝照二次，所需照相底片共爲四四，一〇八張，每張計代表四平方度之面積。凡十四等以上之星斗共約二千萬顆，都須現於圖表之上，而十一等以上之星斗約凡二百萬顆則須可行精確之測量。參與此役之全世界觀象臺共十八所，屬於英國及其殖民地者凡六，屬於法者凡四，屬於意者凡二，屬於德意志芬蘭與智利者各一。自一九〇〇年以還，天文圖表及目錄之刊行，卷册固已甚多。然當一九〇九年攷查各處成績時，若干觀象臺對於派定之工作業告蕆事，而餘則以各種原因其成績尚相差甚遠。嗣經國際星學會議永久委員會之討論，乃將未成之工作復行交給致力較勤之各觀象臺分工進行，蘄於一九二〇年克奏厥成焉。

以統一計畫繪製一世界地圖之議，創始於一九一〇年之倫敦會議。在此會議中，僅有

十一、國際世界地圖

駐英各大使代表各該國參與其事。迨一九一三年十二月間舉行第二次會議於巴黎，其他各國乃亦與會參加。於是關於製圖之計畫復行詳細議定，並議決設一永久中央事務所於英國，以司傳通資料，交換智識，及發刊年報之事。今其事務所之總部，即設於掃桑波敦(Southampton)之測量局中。

十二、國際科學書報目錄

國際科學書報目錄之編纂，始自一九〇一年；其總事務所係設於英之倫敦。參與此國際工作之國家，都凡二十有九，大多數皆各設分局於國內，從事書目卡片之預備編輯，然後將其彙交於英國。世界大戰以前，其每年經費殆全持各國預約目錄之捐款及出售目錄所獲之收入也。

第三類——爲便各國學者交換意見而定期舉行之國際學術會議：

國際學術會議，類多各就專科，聚集世界學者於一堂，討論各科之種種專門問題。吾人於前章中已列舉重要國際學術學議之名稱，計有國際數學會議，國際歷史學會議，國際地理學會議，……等凡二十之數。各科會議之史實大都散見於各專門學會之會刊及雜誌中，卷帙浩繁，殊不易一一稽攷。嘗竭多日之力，從事此項資料之搜尋，而所得者終不及什之二三。既恐貽掛一漏萬之誚，復懼蹈軒輕各科之嫌，茲故從略。

以上所述，皆爲關於各科國際學術團體之歷史，茲乃略述國際學會聯合會之史實於次。

國際學會聯合會

各國主要學會之合作，其議創之歷有年矣。一八九九年，各國主要科學會與文學會之代表開會於威斯巴登（Wiesbaden），討論國際學會聯合會之組織，即行起草章程。嗣經各關係學會之承認，國際學會聯合會遂告成立，規定每三年開會一次。一九〇一年開會於巴黎；一九〇四年開會於倫敦；一九〇七年開會於維也納；一九一〇年開會於羅馬；一九一三年開會於聖彼得堡。各國學會之加入者，其數卒共二十有四，惟其中愛丁堡之王家學會與赫星法斯之芬蘭學會於一九一三年始行加入，對於會務殊尠盡力耳。此聯合會所宣佈之宗旨，爲策進世界之科學事業與圖謀各國之科學合作。其對於其他國際組織之態度，一九〇四年在倫敦開會時，曾詳加討論而有下列之議決案：——

「凡受各國政府津貼之任何新國際組織之創設，應先詳細考察其宗旨與價值，而於實行組織以前，應先將提議交國際學會聯合會討論。」

此議決案僅對於新組織之創設而言，至於多數已經成立之國際團體，國際學會聯合會並無管理之權，惟希望得以建議方式促進其合作耳。國際學會聯合會所行之事業，不特關於科學智識之促進，對於文學哲學之發展，亦嘗予以相等之重視。論其成功之事業，固不乏足以稱述者，然自其總成績言之，則與所蘄望者相差殊甚遠也。各國著名學會之會員數額，大都皆限制甚嚴，顧近代智識之範圍實非常廣博，分門別類，科目綦繁，是以今日世界各學會之聲威已不若曩昔之隆盛而逐漸歸於各專科學會之手中。世界大戰以後，國際學會聯合會之事業遂爲新興諸國際組織若國際學術研究會議，國際智識合作學院等所取代矣。

第四章　世界大戰以後新興之國際智識合作團體與事業

（上）

當世界大戰之時期，國際智識合作之事業大多自歸於停頓狀態大戰告終以後，各國皆竭力恢復其戰時之巨創，以謀建設事業之發展，於是國際智識之合作乃愈加注意。初英法諸協約國爲抵制德奧諸同盟國之科學侵略計，一九一九年遂有國際學術研究會議之組織，繼則國際聯盟亦有國際智識合作委員會之成立。迨一九二六年，更有國際智識合作學院成立於巴黎。而沿太平洋諸國家，復於一九二〇年有汎太平洋學術會議之組織。一九二三年美國召集世界教育會議於舊金山，近今適舉行第三屆大會於加拿大。一九二四年，國際歷史學會議更有國際歷史學永久委員會之組織。而意大利亦有國際私法統一學院之成立。最近數年來國際智識合作事業之發展，實有一日千里之概，而以上述之數組織爲尤重要。茲將各團體之與國際聯盟有關者及其不隸於國際聯盟者，分別於本章與次章中略敍述之。

一　國際學術研究會議

國際學術研究會議之組織，導源於一九一八年十月十一日舉行於倫敦諸協約國家各科學會之代表會議。當時議決案計有二種主要之原則，其一，戰爭之惡感未盡蠲棄以前，不希望與德奧諸國從事國際科學之合作；其二，不宜坐失改造全部國際科學事業之機會，當以完善系統之組織以易曩昔或作或輟凌雜寡效之集會與規約。觀於下列諸議決案，即可明悉當時協約國對於國際事業所抱之態度——

（一）對德奧諸國宣戰之國家，其在國際科學團體中之代表應各按規則及時退出；同時立卽組織新國際團體從事促進科學之發展，而與中立諸國家相合作。

（二）類似權度會議之國際團體由於外交協定者，當於和平會議中討論之。

（三）凡關於國際事業之必需合作管理者，如航行，氣象，鐵路，電報等等，則當別論。

（四）本會議設一研究委員會，對德奧宣戰國家之學會得議決增加其委員之數額。

此委員會着手策畫國際新團體之組織，以應各項科學與工業及國際問題研究之需。

（五）參加本會議之各國學會，請其着手組織各該國之國家學術會議，以謀議決案第四條所規定研究事業之進行。

（六）各國學術研究會議更須聯合組織一國際學術研究會議而以議決案第四條所規定之委員會爲其主幹。

（七）本會議之意見，以爲一切工業、農業與醫藥之進步皆仰仗於純粹科學，故請各國政府注意理論及不計功利之研究，迨和平恢復以後，則當予以大量之佽助。本會議並促進各種私立及國立實驗科學試驗所之建設。

一九一八年十一月杪，各國更開會議於巴黎，當時派遣代表與會者爲比利時，巴西，法，英，意，日，波蘭，羅馬尼亞，塞爾維亞與美利堅諸國。希臘與葡萄牙二國之代表，因故不果蒞會。此次會議除認可倫敦會議中之議決案外，並行討論如何使之實行之方法。於是委派比，法、英，意，美五國之代表各一人組織一委員會，更行策畫國際學術研究會議之組織。一九一九年七月開會於布魯塞爾，國際學術研究會議乃告成立。此會議之目的，規定如次：——

（一）整理各項科學及其應用之國際合作事業。

（二）根據一九一八年十月倫敦會議中議決案第一條，鼓勵各種有稗科學發展之國際學會或協會之組織。

（三）關於不在現有各國際學會範圍中之學科，從事國際科學研究之指導。

（四）用適當方法聯絡加入國際學術研究會議各國之政府，以利學術研究之進行。

國際學術研究會議之總祕書處設於倫敦王家學會；而其法定永久會址係在比京布魯塞爾，一切大會之舉行及文件之保管俱在此處。國際學術研究會議對於新國際學會之組織固有督促指導之責，然新國際學會一經成立以後，即成獨立自治之團體，惟其會章須經會議之承認，並須遵守加入會議所需之條件耳。中歐列強自在擯斥之列，而戰時中立之國家皆嘗邀請其加入也。迨一九二一年五月間，加入會議者計有澳大利亞，比利時，加拿大，丹麥，法蘭西，希臘，荷蘭，意大利，日本，墨西哥，摩納哥，挪威，葡萄牙，塞爾維亞，西班牙，瑞典，瑞士，美國，英國等十九國。迄今又有巴西，南阿非利加，羅馬尼亞，新西蘭，捷克斯拉夫，波蘭等六國加入，總計已達二十五國。現時合此會議之條件可加入而尚未加入者，僅爲阿根廷，智利與我中華民國而已。

國際學術研究會議每三年舉行大會一次，由各國派遣代表至布魯塞爾開會。此會議所關涉之事項固爲發展各種科學之方法及種種施設與組織，然不過爲一最高會議之立法機關，乃一總樞紐耳。直接對於科學從事研究與整理者，全賴此會議下所組織之各種科學協會。

各種科學協會之組織，由於各國之國內委員會聯合而成。而國內委員會之產生；（一）爲政府或國家機關所委任，如巴西，加拿大（內務部）捷克斯拉夫，希臘，墨西哥，南非洲（礦業及工業部）西班牙，瑞典等；（二）爲國家學術研究會議所派遣，如澳大利亞，日本，美國等；（三）爲科學會或王家學會所派遣，如比利時，法蘭西，英國，波蘭，意大利，羅馬尼亞等。今國際學術研究會議下各種科學協會業經先後組織成立者，計有下列之八科：——

（一）國際天文學協會

（二）國際地形學及地質物理學協會

（三）國際純粹化學及應用化學協會

（四）國際純粹物理學及應用物理學協會

（五）國際數學協會

（六）國際生物學協會

（七）國際地理學協會

（八）國際無線電學協會

就中範圍甚廣之各科學如天文學與地文學之類，自須更行分組以研究之，唯當採用收效最宏之方法耳。天文學協會共設專門委員會三十有二之多；而地形學及地質物理學協會則分爲以下之六部：（一）地形學，（二）地震學，（三）氣象學，（四）地磁電學，

（五）海洋物理學，（六）火山學乃由昔日之地形學會議，地震學會議，氣象學會議等所改組而成者也。

各科學協會，亦規定每三年舉行大會一次，但各按情形之不同，得以增加會議之次數。如國際化學協會自成立以來，每年皆開討論會一次，唯以三次討論會併計爲一次大會，俾與總則之規定相符。至於開會之地址，各由上一次大會決定，但不能兩次連續在同一地點。例如化學協會，第一次開會於羅馬，第二次於布魯塞爾，第三次於里昂，第四次於劍橋，第五次於哥本哈根，第六次於華盛頓是也。

各科學協會開會時，由各國專家提出問題，分組討論，決議以後，卽將其刊布，請各國科學界或科學團體共同遵守，藉收劃一之效。至於提出問題之性質，概可別爲二類：一爲關於國際之實用者，一則關於理論之硏究者也。

至於各國學術研究會議，其內部組織亦各分爲若干部。其分部方法，大致與國際學術研究會議下各科學協會之分類相若。如日本學術研究會議，分爲（一）天文學，（二）地文物理學，（三）化學，（四）物理學，（五）地理學，（六）地質學，（七）生物學，（八）數學，（九）應用科學及（十）普通行政等十部。當國際學術研究會議開會時，以普通行政部代表出席；國際天文學協會或國際化學協會開會時，則以天文部或化學部代表出席。是以各國學術研究會議在其本國爲提倡學術之總機關，而在國際上則爲實行合作、交換智識之大樞紐也。

至各國所需繳納之會費，分爲二種：（一）國際學術研究會議之會費，（二）隸於國際學術研究會議之各科學協會之會費。二者皆視各國人口之多寡以爲準衡，然在大會中之表決權亦復以此爲比例。茲將其比例方法錄示於次：

一國人數	表決權	繳費單位
少於五百萬	一	一
介於五百萬與一千萬之間	二	二
介於一千萬與一千五百萬之間	三	三

介於一千五百萬與二千萬之間	四	四
多於二千萬	五	五

在此第一期內（每十二年爲一期，第一期自一九二〇至一九三一年）國際學術研究會議之會費，每一繳費單位每年不得逾二五〇佛郎。各科學協會會費每一單位納費之多寡，隨各協會之性質而異。如國際天文學協會，每一單位，每年不得逾一五〇〇佛郎；國際地理學協會每一單位每年僅定五〇〇佛郎耳。

如前所述德奥諸國初固在排斥之列，而不與之合作。然據國際聯盟約章第二十四條，國際學術研究會議應亦附屬於國際聯盟。一九二六年，德國已被邀入國際聯盟；而同年六月，國際學術研究會議於布魯塞爾開一特別大會，通過議案，亦遂邀請德奥匈牙利布加利亞各國加入會議及其聯屬之各科學協會矣。

二、國際智識合作委員會

國際聯盟當一九二〇年舉行第一次大會時，比利時代表嘗提出「關於世界文化事業之合作應如何使之成爲系統組織」之議案。經討論之結果，議決由行政會調查可否設立管理關於文化方面國際合作事業之專門機關，俟於下次大會中報告。行政會根據此項決議，調查研究之結果，迺於一九二一年九月第二次大會中提出報告，主張設立國際智識合作委員會，考究各國教育科學哲學研究之制度與設備，交換各國之思想與智識，而施行下列之辦法，卽（一）統一各國之學位，（二）交換教授，（三）交換各科學家之研究報告等事業。國際聯盟大會當時卽行認可行政會之報告，並議決由行政會組織國際智識合作委員會。至一九二二年，行政會遂任命英，美，法，意，比利時等國著名學者十三人爲委員，於是國際智識合作委員會乃告成立。

國際智識合作委員會自一九二二年八月一日在日內瓦開第一次會議，一九二三年七月二十六日在日內瓦開第二次會議，一九二六年一月十四至十八日在巴黎開第七次會議，至一九二六年七月二十六至二十九日復在日內瓦開第八次會議。委員長一席自始卽爲法蘭西學院哲學教授柏格森博士（Henri Bergson）擔任，迨一九二六年柏格森因病辭職，乃由第七次會議選舉荷蘭來丁大學（Leyden University）物理學教授羅倫芝（H. A. Lorentz）繼任，而以法國前國務總理班樂衛（Painlevé）爲法國代表委員。該委員會除各分委員會之副委員外，最近由各國代表委員十五人與通信員六人組成，茲列舉之於次：——

委員羅倫芝，荷蘭來丁大學物理學教授（委員長）。

墨累（G. A. Murray），英國牛津大學希臘哲學教授（副委員長）。

蓬那維女士（K. Bonnevie），挪威奧斯羅（Oslo）大學動物學教授。

波士（J. C. Bose），印度加爾各答波士研究所所長。

卡薩勒斯（J. Casares）西班牙政治學者，西班牙王家學會會員。

卡斯特洛（A. de Castro），巴西里約熱內盧（Rio de Janeiro）大學醫學教授。

居禮夫人（Madame Curie），波蘭籍，巴黎大學物理學教授。

得斯特勒（J. Destrée），比利時前教育部長。

愛因斯坦（A. Einstein），德國柏林大學物理學教授。

盧哥涅（L. Lugones），阿根廷不宜諾斯艾利斯（Buenos Aires）國立圖書館館長。

密爾根（R. A. Millikan），美國加利福尼亞理工大學布立治(Norman Bridge)物理研究所主任。

班樂衛，法國前國務總理。

棱諾爾德（G. de Reynold），瑞士百倫（Bern）大學法國文學教授。

洛科（Rocco），意大利羅馬大學法律學教授。

田中館愛橘（Aikichi Tanakadaté），日本東京帝國大學名譽教授。

通信員：多普士（A. Dopsch），奧國。

拉科維察（Racovitza），羅馬尼亞。

卡拉布（Kalab），捷克斯拉夫。

吳濟（Hoo-Tsi），中國。

科狄（H. J. Cody）加拿大。

得索紮（A. Sergio de Souza），葡萄牙。

國際智識合作委員會成立以後最先着手之工作，卽爲調查戰後各國學術界生活之情況。經國際聯盟行政會之認可，委員會乃發詢問書於各國大學、學會、及其他學術團體。調查之初，首先注意中歐各國及美國之情況，繼則乃及不列顛帝國東方各國與拉丁亞美利加。據最初調查之結果，學術界生活狀況實感異常困難。爲謀救濟起見，除奧地利，匈牙利，捷克斯拉夫，波蘭，愛沙尼亞（Esthonia），芬蘭，立陶宛（Lithuania），羅馬尼亞，布加利亞，希臘等國已有國內委員會成立者外，委員會請其他各國亦皆從速組織相類之國內委員會，藉以協助國際委員會促進國際智識合作之事業。現今業經設立此種國內智識合作委員會之國家，都凡三十有餘矣。國際委員會並將中歐諸國學界生活困窮狀況之調查書，分送世界各國，冀得他國之同情而予以相當之援助。是以奧地利，匈牙利，阿爾巴尼亞，布加利亞，愛沙尼亞，羅馬尼亞，波蘭等國之大學，皆蒙英美及其他各國寄贈甚多之書籍與儀器。

國際智識合作委員會內設若干分委員會，分任各項事務之進行。今其所設立者有五：（一）大學聯絡分委員會，（二）書目分委員會，（三）文學美術分委員會，（四）智識所有權分委員會，（五）青年兒童教育專家分委員會。除第五項分委員會外，各分委員會之委員係由智識合作委員會之委員分任，此外更聘請各國專家若干人為副委員。茲將各分委員會最近委員與副委員之姓氏國籍錄示於次：——

（一）大學聯絡分委員會今有委員四人與副委員六人：

（委員）卡斯特洛……巴西

密爾根……美國

墨累……英國

棱諾爾德……瑞士

（副委員）卡斯提勒約（Castillejo）……西班牙

刻羅格（V. Kellog）……美國
哥特爾奧提力利斐德（von Gottl-Ottlilienfeld）……德國
奧德湟（Th. Odhner）……瑞典
塔民（Thamin）……法國
哈勒岐（Oscar de Halecki）……波蘭

（二）書目分委員會今有委員六人與副委員四人：

（委員）羅倫芝……荷蘭
蓬那維女士……挪威
波士……印度
居禮夫人……波蘭
愛因斯坦……德國
班樂衛……法國

（副委員）哥得特（Godet）……瑞士

什拉姆（Schramm）……美國

克律斯（Krüss）……德國

羅蘭馬塞爾（Roland-Marcel）……法國

（三）文學美術分委員會今有委員五人與副委員七人：

（委員）得斯特勒……比利時

棱諾爾德……瑞士

墨累……英國

盧哥涅……阿根廷

卡薩勒斯……西班牙

（副委員）發雷立（Paul Valéry）……法國

外因加特涅（Weingartner）……奧國

耶立涅克（Jelinek）……捷克斯拉夫

發卡勒斯庫女士（Vacaresco）羅馬尼亞

福西榮（Focillon）……法國

托斯卡（Toesca）……意大利

寶德波維（Baud-Bovy）……瑞士

（四）智識所有權分委員會今有委員三人與代理委員五人：

（委員）得斯特勒……比利時

卡薩勒斯……西班牙

洛科……意大利

（代理委員）魯飛尼（Ruffini）……意大利

奧士德塔格（Ostertag）……瑞士

普勒桑（Plaisant）……法國

克諾夫（Knoph）……挪威

摩里特（Maurette）……瑞士

（五）青年兒童教育專家委員會今計有委員十二人：

墨累……英國

得斯特勒……比利時

卡薩勒斯……西班牙

瑟爾堡（Schellberg）……德國

科累阿（Arturo Correa）……智利

巴拉爾特（Luis A. Baralt）……古巴

明希（Munch）……丹麥

德雷福夫人（Mme Dreyfus-Barney）……法國

察忒末狄（S. N.Chaturvedi）……印度

加拉夫勒栖（G. Gallavresi）……意大利

新渡戶稻造（Nitobe）……日本

岐利策斯庫（Kiritzesco）……羅馬尼亞

加夫利羅維赤（B. Gavrilovitch）……塞爾比亞

茲將各分委員會之事業擇要臚敍於次。大學聯絡分委員會所舉辦之事務，爲關於大學教授之交換，學生之轉學，國際大學之設立，課程與學位之統一等問題。爲謀此種事業之進行，乃於一九二三年設立國際大學通信局，隸屬於聯盟事務局而受本分委員會之管理，藉與各國大學通信局，學術團體及國內委員會等互相通信，以期各國大學間之聯絡。每年並刊行報告各國大學情形之雜誌四次，俾可明瞭各國學生之狀況，以便教授之交換及學生之轉學。一九二六年四月間，智識合作委員會並嘗召集國際學生團體代表委員會於日內瓦，協商國際學生會事業之進行，討論發展學生轉學之方法焉。

書目分委員會之事業，爲研究書目編製之方法，供給世人以完美之書目，俾利智識之交換，從而促進學術之研究。關於目錄之編製，委員會擬採用布魯塞爾國際書目院依字母次序所編纂之圖書彙報爲藍本而擴充之。至於分類之書目，委員會擬召集專家會議，策進科學著作總分類表之編纂與刊行。其最先組織之專家會議，爲物理學，古典哲學及社會學各科。委員會並擬組織一專家會議，討論一八八六年關於各國刊物交換規約之採用及修正。爲使各國圖書館藏書皆有系統之分類計，則設法與各國圖書館相連絡，同時並促進各國圖書館之合作。根據各國之主要書目，委員會業有國際書目索引之刊行，內含各國書目機關及定期刊物之目錄，詳載無遺。

文學美術分委員會之事務，爲鼓勵文學及美術界之國際合作，指導國際智識合作學院中文學部與美術部事業之進行。其所曾着手重要事業之關於美術者，如美術生活年報之刊行，各國博物館合作之促進，國際通俗美術會議（International Congress of Popular Arts）之組織，國際博物館事務所（International Museums Office）之設立等。國際通俗美術會議擬定於今年秋間召集第一次大會。國際博物館事務所，其總部附設於巴黎國際智識合作學院內。至於文學方面之國際合作，進行則較困難，蓋文學作品多半具國家性，而著作家又各具個性也。關於翻譯翻譯版權，現代文學智識，與夫戲劇等問題，分委員會擬召集各國重要著作家及學會之代表會議以討論之。於此數問題中，則尤注重於翻譯一端，蓋文學界之智識合作，自以翻譯爲最良之方法。故分委員會嘗有設立國際譯學館之議，第尙未見之實行耳。

智識所有權分委員會之職務，爲研究一切「智識財產」保護之方法。舉凡美術與文學之創作，科學上之發見，暨工業上之發明，皆可謂之智識財產，而俱在保護之列。

青年兒童教育專家委員會，係爲普及國際聯盟之智識而設。凡可以鼓勵青年兒童對於國際合作之觀感者，莫不深加注意。諸凡各國學生之交換，團體旅行之舉行，適當會議之組織，各校學生之通信，外國青年讀物之迻譯，等種種，俱在獎勵之列。

國際智識合作委員會之事業，其要已略如上述。此外附屬於委員會之機關，以協謀國際智識合作事業之進行者，尙有巴黎國際智識合作學院，暨羅馬國際私法統一學院

(International Institute for the Unification of Private Laws),俟於他節中分別述之。

三、國際智識合作學院

國際智識合作委員會事業之範圍,既如上述,乃若是其廣博也,顧國際聯盟對於智識合作事業之豫算每年都僅規定十萬佛郎,故雖有種種計畫,殊尠實際之成績。法國政府對此頗引爲遺憾,爰於一九二四年七月向國際智識合作委員會提議,擬於巴黎設一國際智識合作學院,每年由法國政府支給經費二百萬佛郎,以期該委員會之種種計畫得以迅速實現。經第五次國際聯盟大會審議之結果,承認其提案,復經第六次國際聯盟大會最後之決定,遂行承認國際智識合作學院之設立。

國際智識合作學院之性質與組織如次:

(一)本學院爲一附屬於國際聯盟之自治機關,其權限及機能,概由國際智識合作委員會依行政會及大會之訓令決定之。

（二）本學院爲國際智識合作委員會之執行機關因此該委員會得使之執行常務，並負監察指導之責內設院長一人統轄一切事務並聘任異國籍之委員五名與法籍委員一名組織監察委員會監察常務。

（三）本學院內分總務大學科學法律文學美術及通信等七部各設部長一名，聘請各國專家擔任之。

（四）本學院之經費由法國政府支給但其豫算及會計每年須受國際聯盟之會計審查，並須報告於行政會及大會是卽法國政府僅負支給經費之義務至於支出則於國際智識合作委員會、國際聯盟大會、及行政會監督之下，得以自由決定之。

一九二六年一月國際智識合作委員會於巴黎開第七次會議時，決定國際智識合作學院之職員如下：

監察委員：班樂衞（委員長）（法國）

得斯特勒（比利時）

羅倫芝（荷蘭）
墨累（英國）
棱諾爾德（瑞士）
魯飛尼（意大利）

院長：魯賽爾（法國）
總務部長：察莫倫（英國）
大學部長：哈萊芝基（波蘭）
科學部長：格爾衞爾尼芝（德國）
法律部長：衞拉郎格（西班牙）
文學部長：米斯特拿爾女士（智利）
美術部長：戴岳比愛爾（比利時）
通信部長：勃萊莊里尼（意大利）

國際智識合作學院於一九二六年一月十七日舉行成立典禮。當時蒞會者有法國總統，國際聯盟行政會會長外交團，及各大學代表等。法國教育總長戴拉狄埃代表法國政府移交該院於國際聯盟，申述法國政府企圖設立該院之目的，及法國歷來對於國際智識合作運動努力之經過。並謂於國際聯盟下成立之國際智識合作學院，實有永久與世界之價值，其成立實足以證明其能支配國際之精神與物質生活，而使之共存共榮互相從屬之大法之存在於宇宙間也。次國際聯盟行政會長代表國際聯盟致詞，略謂國際智識合作委員會於過去三載中嘗努力研究種種國際智識合作之方法。但以經濟支絀，致於實行上往往發生障礙，殊屬遺憾；今蒙法國政府之雅意，慷慨解囊，設立此實行委員會計畫所必需之機關，無任忻忭。並謂國際智識合作學院與國際智識合作委員會皆抱同一之主義，希望將來於國際聯盟行政會及大會指揮之下，與各國國內及國際智識團體相合作，以期促進國際之合作事業而達國際聯盟之目的焉。國際聯盟事務部長杜拉孟達暨國際智識合作委員會會長羅倫芝亦皆謂此學院含有國際之性質，乃國際智識合作委員會之實行機關，前途大有希望。監察委員會長班樂衞亦謂此學院之事業完全屬於國際性質，其最大目的，乃在增進各國人民之互相諒解，俾智識上之交通漸趨便利，而各國人民——尤以各國之青年——乃克享受正當之指導及交換思想之機會，並以種種方法掃除各民族間之誤會云云。

國際智識合作學院，既如上述，乃國際智識合作委員會之一實行機關，是以其各部之事業，多半係受委員會中各分委員會之授意與指導，大致與前節中所述各分委員之事業相同，茲不復贅。

四、國際私法統一學院

國際私法統一學院乃意大利政府步武法國政府設立國際智識合作學院之後，塵呈准國際聯盟大會而設立於其國之首都羅馬者也。意政府之請求，經一九二四年九月三十日聯盟大會之承認，復經一九二六年三月十五日行政會最後之決定，國際私法統一學院乃由意大利政府從事設立。

國際私法統一學院之宗旨，為研究各國私法融會之方法，漸謀各國私法之統一。其舉辦之事業須承國際聯盟行政會與國際智識合作委員會之指導行之。本學院設董事會，常務委員會，與祕書處三部。董事會設會長一人，董事十四人，董事概由聯盟行政會指派，意大利董事實上卽爲董事長。常務委員會歸董事會中指派，由董事會長與國籍不同之董事五人組織之。祕書處設祕書長一人，經董事長之推薦，由董事會委任之；及國籍不同之代表二人，亦由董事會委任之。

國際私法統一學院之建設費與經常費，概由意大利政府負擔。其每年經常費，意大利政府嘗定爲一百萬利拉（lire）云。

茲將一九二七年三月十二日國際聯盟行政會所已指派之董事會人選錄示於后：

會長：沙羅雅（V. Scialoja）……意大利

董事：科林（A. Colin）……法國

得斯特勒（J. Destrée）……比利時

安達（Adatci）……日本

斐喃得司（Fernandés）……巴西
赫斯特（C. Hurst）……英國
羅得（Loder）……荷蘭
洛科（Rocco）……意大利
拉柏爾（Rabel）……德國
藍德斯坦（Rundstein）……波蘭
替徒勒斯科（Titulesco）……羅馬尼亞
温登（Unden）……瑞典
維勒加斯（Villegas）……智利

其一西班牙董事俟行政會會長與西班牙政府接洽後卽行委任其他一缺額行政會則保留於下屆開會時指派之。

第五章　世界大戰以後新興之國際智識合作團體與事業

（下）

一、世界教育會議與世界教育聯合會

世界教育會議（World Conference on Education）爲美國教育聯合會所發起，於一九二三年六月二十八日至七月五日舉行第一次會議於美之舊金山。初美國教育聯合會之國際委員會於數年前已有發起世界教育會議之動議，冀組織一世界教育聯合會（Federation of Educational Associations）以謀統一全球教育之精神而謀世界人類之幸福。一九二二年美國教育聯合會在波士頓開第六十屆年會時，曾請英國教育聯合會會長庫甫（Cove）莅美赴會演說，庫甫對於國際委員會召集世界教育會議之議甚表贊成，並願擔任在歐洲方面鼓吹一切。於是該議案經大會通過，決於翌年舉行聯合會年會時同時在舊金山舉行。一九二三年二月，美國教育聯合會特派國際委員會會長托馬斯

（A. O. Thomas）親往歐洲向各國政府及教育界接洽會議之事，并行邀請各國委派代表與會。英，法，比等國均甚贊同與會，惟要求勿邀德國政府派遣代表參加，否則不願列席。托馬斯不得已乃曲徇茲數國之要求，故抵德國時僅與德教育界接洽。因之美國教育聯合會所發邀請各國代表赴世界教育會議之正式通告，一律邀請各國教育界選派代表與會，未及各國政府或教育行政機關。

世界教育會議之宗旨：（一）促進國際之友誼、公道、與親善；（二）謀國際之權利平等，無種族信仰之界限；（三）謀共同尊敬各國經數百年發達與進化之國家特性；（四）謀取正確妥善之學校教科材料；（五）養成增進國際互相敬愛之國家友誼與信義；（六）養成將來社會均有繼續實行國際裁兵會議之理想與精神；（七）共謀全球各國學校注重人類聯合與世界和平及免除萬惡戰爭。

出席第一屆世界教育會議者，計共二百餘人，代表五十餘國。我國莅會之代表，爲郭秉文，湯茂如，程其保，李建勳，謝冰，林卓然，陳叔澄，高笏之，袁敦禮，及殷芝齡等十八人。開會凡一星期，按日有常會或審查大會之舉行。議決案共二十七件，依其性質分為七組，各組之總題目如次：（一）國際合作，（二）教育消息之宣傳，（三）國際人格，（四）國際理想，（五）衞生教育，（六）普及教育，（七）鄉村生活之保守。議決案中之最重要者為組織世界教育聯合會案；議決應即進行組織永久世界教育聯合會，其組織之章程共八條，擇要錄示於次：——

二、本會以協謀國際教育事業之合作，傳佈各國消息，促進各國親善，增進世界和平為宗旨。

四、本會設董事部執行本會一切事務，董事部董事由團體會員公舉之，每會員得選舉董事二人，任期各二年。本會設會長一人，由董事部公舉之；設書記兼會計一人，由董事部委任之。

五、本會總事務所暫設於美國。

六、世界會議每二年召集一次；局部會議分歐洲，美洲，亞洲，與其餘各國每年輪流開會一次。

八、本會首期臨時職員由世界教育會議代表組織司選委員會推選於大會公舉之。臨時職員設會長一人，副會長二人，董事六人，書記兼會計一人，歐美亞洲三部，應各有會長或副會長一人與董事二人，當卽舉定臨時職員如下：

正會長：托馬斯，代表美洲部。

副會長：郭秉文代表亞洲部；桑斯柏立（T. Sainsbury）代表歐洲部。

董事：查理渥斯（H. Charlesworth）（加拿大），蕭窩爾忒（N. D. Showalter）（美國）代表美洲部；普林格爾(G. C. Pringle)（英國蘇格蘭），卡發多斯（A. Kavados）（希臘）代表歐洲部；澤柳政太郎（日本），高蓋雅（R. V. Gogotte）（印度）代表亞洲及其餘世界部。

於是世界教育聯合會遂卽成立；議定第一屆大會應於一九二五年舉行。嗣經董事部議決，應蘇格蘭教育會與不列顛教育聯合會之招，於一九二五年七月二十日至二十八日在蘇格蘭之愛丁堡舉行第一屆大會。事前世界教育聯合會除通告各會員外，並函邀各國教育機關及教育專家參預會議，共同討論研究世界教育問題。

當時中國教育機關已正式加入世界教育聯合會爲會員者，有中華教育改進社；已允加入爲會員而未納會費者，有中國全國省教育會聯合會。本屆大會中華教育改進社推蔡元培，郭秉文，凌冰，黃建中，陳寶諤爲赴會代表，全國省教育會聯合會則託郭秉文代表；郭並約王志莘同行赴會。蔡元培時在歐洲因事不能莅會。七月十七日，郭，凌，黃，陳，王五代表會於倫敦，翌日攜帶中華教育改進社及全國省教育會聯合會所編印之中國教育概況，中國平民教育等印刷品多種同車赴愛丁堡。出席中國赴會者，除代表外尚有中國代理駐英公使朱兆莘及留英中國學生數人。

本屆各組會議之議決案都凡二十一件，關於總務者二件，初期教育者二件，小學教育者五件，中等教育者二件，高等教育者四件，國際親善問題者二件，德性教育者一件，衞生教育者一件，培養師資問題者一件，不識字人民教育者一件。世界教育聯合會章程，亦經大會修正。董事規定爲十五人，由代表大會選出之。每屆開大會時，每一團體會員推出代表一人組織選舉籌備會，提出預選人名單交代表大會選舉相當人數以補董事缺額。董事任期四年，但第一屆（一九二五年）選舉時，應選出任期四年者七人，任期兩年者八人。聯合會設會長一人，及副會長三人，卽歐美亞三分會各一人。本會於永久固定會所未建以前，會所暫設於會長所在之國。當時依據修正章程選出第一屆正式職員如次：

會長：托馬斯（美國），任期二年。

副會長兼董事：郭秉文（中國），任期二年；桑斯柏立（英國），任期二年；查理渥斯（加拿大），任期二年。

董事：凌冰（中國）四年；澤柳政太郎（日本）二年；普林格爾（蘇格蘭），二年；忒維第女士（Miss M. Teveedie）（蘇格蘭），四年；麥克多那爾（D. D. Mac Donald）（加拿大），四年；麥菲（C. P. Murphy）（愛爾蘭），二年；哥德斯頓（F. W. Goldston）（英國），四年；布拉德佛德夫人（Mrs. Mary

C. C. Bradford）（美國），四年；息德斯（W. R. Siders）（美國），二年。

書記兼會計：威廉斯（C. H. Williams）（美國）暫任。

世界教育聯合會第二屆大會應於一九二七年舉行。當第一屆大會時，加拿大檀香山及德國等，均各邀請在彼處開會。後經董事會議決，接受加拿大之邀請，於是第二屆大會遂於今年八月七日至十二日在加拿大之多倫多（Toronto）大學舉行。與會代表二千餘人，代表三十餘國。我國出席之代表爲郭秉文，韋慤，黃啓明，沈有乾，王桌然，黎紹芬女士，曹梧孫女士及周淑清女士等八人。各種議案分爲五組會議研究之：（一）國際和平教育組，（二）歷史應如何教學組，（三）世界和平之青年訓練組，（四）軍事教育應如何限制組，（五）避免國際戰事之裁判方法組。除五組外，另有討論會，如學校衞生，平民教育運動，德育訓練，小學教育，農村教育等，凡三十餘種。議會中我國代表之獲選爲委員者，有郭秉文之被舉爲提名選舉委員，韋慤之審查議案委員，與黃啓明之憲章起草委員。代表亞洲部之副會長一席，當時日本代表角逐頗力，然選舉結果，卒爲郭秉文復得云。

二、汎太平洋學術會議

汎太平洋學術會議，乃沿太平洋諸國學者所組織專以研究太平洋方面各種學術問題之國際合作團體也。其第一次會議，係於一九二〇年在夏威夷舉行。然考此會議組織之動機，實發源於世界大戰以前。當一九一四年英國科學改進社在澳州舉行年會時，美國著名科學家哈佛大學地學名譽教授大衞斯（W. M. Davis）亦參與焉。氏以太平洋將爲二十世紀科學發展之中心，而有如干科學事業非經各國學者之共同研究不爲功，故嘗有聯合沿太平洋各國學者組織團體之倡議。一九一六年美國科學會召集太平洋問題討論會，卽由大衞斯主持其事，結果迺有太平洋考查委員會（Committee on Pacific Exploration）之組織。一九一八年加利福尼亞大學舉行五十周紀念大會時，嘗有國際關係之會議（Conference on International Relations），而一九一九年美國科學改進社之太平洋部開會時亦有「考查北太平洋」之討論，於是太平洋國際研究之運動，益爲發揚。嗣爲集中研究免除重複起見，美國科學會之太平洋考查委員會迺於一九一九年合併於美國學術研究會議，易名爲太平洋研究委員會（Committee on Pacific Investigation）。根據一九一六年委員會成立以迄一九一九年委員會改組，茲三年間考查探討之所得，加以新委員會研究之結果，太平洋學術問題之廣博複雜乃甚明顯，於是益覺沿太平洋各國學者協力合作之不容緩已。

太平洋研究委員會遂發起會議，邀請新西蘭，澳洲，爪哇，中國，日本，加拿大，菲律賓，夏威夷，及美國之學者代表聚集一堂，討論太平洋各種學術問題。但開會地點之擇定，當時頗費躊躇。蓋此會議既爲美國學術研究會議所發起，則開會地點自應定在美國。是以委員會卒允夏威夷代表之提議，決於一九二〇年由火奴魯魯之汎太平洋協會（Pan-Pacific Union）召集第一次汎太平洋學術會議。

第一次汎太平洋學術會議雖由火奴魯魯汎太平洋協會所召集，但其一切組織，則仍由美國學術研究會議所籌畫。依當時召集會議之通告，會議之目的，爲（一）討論太平洋區域內各種科學問題及其解決之方法；（二）搜集已經出版關於太平洋區域之材料，爲之整理分類幷規定將來研究之程序。討論之範圍，包括沿太平洋之人種，生物，地理，地質，及相關之各科學。

第一次汎太平洋學術會議有一特點爲各種國際學術會議所罕見者，卽參與會議者均以個人資格而非爲各國政府或學術機關之正式代表也。莅會代表大抵於太平洋各項科學問題素有研究由會議致箋邀請。當時到會之科學家，計美國二十三人，日本四人，澳洲六人，新西蘭三人，菲列賓四人，加拿大，英國與中國各一人，合夏威夷本地科學家三十九人，共爲九十二人。經濟方面，由火奴魯魯汎太平洋協會於美國政府津貼項下，撥出一部爲資助。但到會代表費用均由自理，故第一次會議火奴魯魯所費實屬無幾，約僅美金三萬元之譜耳。

會議期限共三星期，第一星期宣讀論文，第二星期遊歷名勝，第三星期計畫將來科學事業合作之辦法。當時所討論最重要之問題，爲「太平洋人種之研究」「坡里內西亞(Polynesia)之人類學研究，」「太平洋漁業問題，」「太平洋火山之研究，」「太平洋地震問題」「太平洋區域製圖問題」「太平洋洋流問題」等等。

第一次汎太平洋學術會議之莅會者既均係個人資格，故雖感情極爲融洽，且覺此會議有成爲永久機關之必要，但無人敢代表其本國邀請下屆聚會。是以當第一次汎太平洋學術會議散會之際，尙無人能斷定會議之生命是否能繼續也。但未幾澳洲學術研究會議卽行發起邀請，於是乃有第二次汎太平洋學術會議之召集。

第二次汎太平洋學術會議於一九二三年八月十三日至九月三日，舉行於澳洲之悉德尼（Sydney）與墨爾本（Melbourne）兩地。此次會議之規模範圍，均勝於火奴魯魯會議。澳洲政府及維多利亞（Victoria）與新南威爾斯（New South Wales）兩州政府，均佽助經費，正式參與會議。邀請各國之函件，係由澳洲外交部寄發。會議中之職員亦由政府委任。正式會議而外，外國會員均受澳洲政府與人民之招待，餚宿則在當地士紳之家中。大會以後，幷請外國代表遊歷塔斯馬尼亞島（Tasmania），澳洲中部大沙漠，及澳洲東岸之珊瑚堡礁（Great Barrier Reef）等處，經費概由政府擔認。凡此皆與火奴魯魯會議不同之點也。

第二次會議外國到會之人數，亦較上屆爲多，計共八十二人，分配如下：美國十七（其中七人爲政府所派，）新西蘭十三，英國十二，日本十一，夏威夷六，菲列賓五，荷屬東印度四，加拿大三，英屬馬來二，荷蘭二，法國，智利，香港，非支島（Fiji），塔希提島（Tahiti）與英荷屬新基尼各一。此次會議人數既多，而招待又周，故會議經費自必倍增。澳洲政府通過招待之費原爲二萬鎊，而用去之數約爲一萬五千鎊（約國幣十五萬元）云。

第二次汎太平洋學術會議所宣讀之論文有關於繪製地圖，地震，地質構造，動植物分類等專門研究，而於太平洋居民甚關重要之諸問題亦多所討論，實爲此次會議之特點。會議計分二種，卽全體會議與分組會議是也。凡關於重大問題或需國際合作之科學研究則提出於全體會議；而其較爲專門之問題則由分組會議（計共分十五組）討論之。當時最足引起大會注意者，爲「太平洋之一般結構與其對於動植物之影響」，「太平洋區域內科學事業之合作，」「太平洋之氣候與經濟及社會生活之關係」諸問題。他如「植物蟲害之治理」及「太平洋農業漁業畜牧之發展」皆加以詳細之討論。而太平洋諸島各種族人口之增加，尤爲各國代表所關心。故當時大會會通過議案，促進沿太平洋各國研究諸島上土著之衞生問題。澳洲會議幷指派各項委員會研究指定之問題以備報告於下屆大會，計有太平洋洋流委員會，汎太平洋學術會議章程起草委員會等。

第三次汎太平洋學術會議，當澳洲大會時已決定接受日本代表之邀請，於一九二六年在東京舉行。此次會議爲日本學術研究會議所召集，日本政府亦嘗正式參與。會議日期自十月三十日至十一月十一日；但日本政府招待之期限，則自十月十八日至十一月十九日，計凡一月有奇之久。東京大會開幕典禮，行於帝國大學之禮堂，而學術會議則於貴族院內舉行之。其設備之完美，招待之周到，會期之久，長代表人數與論文之多，俱駕澳洲大會而上之。會議之總裁爲載仁親王，而內閣總理若槻禮次郎則爲名譽會長。開幕之日，總裁與名譽會長均莅會，且有演辭。

東京會議外國代表之與會者共一百二十三人，分配如下：美國三十九，澳洲十三，中國十二，菲律賓與荷屬東印度各九，夏威夷與蘇俄各八，加拿大與新西蘭各四，英國，荷蘭，與英屬馬來各三，法國二，智利，香港，新基尼，祕魯，葡萄牙，與瑞典各一。日本本國之會員依會員名錄計共四百十三人，但實際與會者當不及此數。此次外國代表連非會員計之，則共達一百五十人，幾四倍於火奴魯魯，而兩倍於澳洲會議。

澳洲會議時，外國代表下榻於當地士紳之家中，而東京會議時，則外國代表均由日本政府招待，款以上賓之禮，旅居於東京首屈一指之帝國飯店。不特各代表有聚首一堂之便，且消息亦較爲靈通。學術會議而外，宴會，劇場，幾無虛夕，遊歷名勝，先後凡五次，計二十組。北自北海道，南至四國九州，舉凡日本全國名勝之區及著名科學機關，無不網羅。故日本方面之費用，自必倍蓰於曩昔之大會。聞日本政府所通過用費，爲日金五十萬元（約當美金二十五萬元）云。

在東京大會，學術會議分爲三種：即全體會議，分股會議，及分組會議是也。全體會議僅開兩次，於開幕及閉會時舉行之。凡會長演說，委員長報告，通過章程，及各國代表之頌辭謝辭，均在大會分股會議與分組會議，則爲宣讀論文暨討論研究之用。論文性質之較廣汎者提出於分股會議，其較偏隘者則提出於分組會議。分組會議上屆澳洲會議時已有之，而分股會議則爲東京大會所新設，蓋所以免除分組太多之弊，幷以聯絡各組之用也。以大概而論，則上午爲分股會議，而下午爲分組會議。

各國代表所提之論文，共計四百三十二篇，其中以關於地質學者爲最多，計達一百零七篇；此外關於農學者凡五十二，植物學四十二，火山及地震學三十七，人類學三十四，動物學三十，海洋學二十九，衞生及醫學二十五，氣象學二十四，地理學二十，天文學十三，無線電學十一，建築學八。其中我國代表所提出者七篇，命題如下：

翁文灝　中國東部地殼之動作。

竺可楨　中國東部天氣之種類。

章鴻釗　中國温泉之分布（章君未到會，由翁君代讀。）

胡先驌　中國東南諸省森林植物之研究。

魏嵒壽　新發見木材屋腐朽菌兩種。

魏嵒壽　浙江省甘薯之分布及其釀造工業上之價值。

沈宗瀚　對於中國棉花選種之意見。

以歷史上眼光觀之此次東京大會極爲重要，其原因有二：一則爲章程之通過，更名爲太平洋科學會（Pacific Science Association）而成立爲永久機關，每隔三年開會一次。一則指派各種常設委員會，分別研究各種太平洋上之科學問題。諸如太平洋上之火山問題，漁業問題，氣象報告問題等等，均將指定委員研究其事，幷謀各國之合作。海洋學委員會，則於上屆澳洲會議時本已舉定，此次更行擴充其範圍耳。上述二事，均在會議閉幕以前由大會議決通過。當時邀請下屆開會願作東道者，計有爪哇與加拿大兩處，結果第四次會議，決定於一九二九年在爪哇舉行。

我國此次之參加東京會議也，僅由日本政府所邀請，與蘇俄之地位相同。蓋澳洲會議時，我國旣無代表與會，而當時推定之學術會議章程起草委員中有美國，澳洲，加拿大，法國，英國，夏威夷，日本，荷蘭，荷屬東印度，新西蘭，及菲列賓十一邦之代表乃亦獨無我國。是以我國與蘇俄之是否為學術學議之一分子，要視所訂之章程與起草委員之意旨而定。迄大會將閉幕開全體會議時，我國代表始悉蘇俄業以蘇俄科學會為代表機關而得加入太平洋科學會之行政機關「太平洋科學評議會」（Pacific Science Council）中，惟我國則以無國家學術研究會議或國家科學會之故，在評議會中竟致落選。我國代表聞信之餘，極為憤慨。蓋評議會中如夏威夷以一博物館為代表機關，荷屬東印度以太平洋研究委員會為代表機關，凡此皆與學術研究會議或國家科學會之性質不相符合。然則所謂缺乏學術研究會議或科學會者，要亦推托之辭耳。幸我國代表卽行提出書面抗議，幷一致推中國科學社為代表機關，要求加入評議會，請大會公決。經美國祁天錫君之動議，此議案得大多數之通過，於是我國於太平洋科學評議會中占得一席，下屆會議時卽有直接派遣代表之權利矣。茲將組織太平洋科學評議會之各國代表機關錄示於次：——

美國……國家學術研究會議

澳洲……國家學術研究會議
加拿大……國家學術研究會議
中國……中國科學社
法國……巴黎之科學會
英國……倫敦之王家學會
夏威夷……比沙普博物館（Bishop Museum）
日本……國家學術研究會議
荷蘭……阿姆斯特丹之王家科學會
荷屬東印度……荷屬東印度太平洋研究委員會
新西蘭……新西蘭學會
菲律賓……科學局
俄國……蘇俄科學會

三國際歷史學委員會

國際歷史學委員會成立於一九二六年五月十四日在日內瓦舉行之國際歷史學會議。初一九二三年國際歷史學會議舉行於布魯塞爾時美國歷史學會之代表已有組織永久國際歷史學委員會之提議，討論結果即請布魯塞爾會議當選之職員擔任籌備委員主持進行。翌年復開籌備會於布魯塞爾，討論組織之程序。唯當時歐洲各國大多皆困於經濟，故歷史學委員會之組織，首要問題自爲經費之籌措。嗣經籌備委員美人曉特衞爾（J. T. Shotwell）與利蘭（W. G. Leland）之設法，乃承洛克斐勒紀念社（Laura Spelman Rockefeller Memorial）慨允擔任鉅款以供委員會組織及研究之用。於是經濟既有着落，委員會自得進行成立矣。

籌備委員會對於以前歷次國際歷史學會議（一九〇〇，一九〇三，一九〇八，一九一三，一九二三）參加之國家，均各邀其派遣代表一二人與會。當時被邀之國家，計凡二十有七；除智利，芬蘭，希臘，匈牙利，巨哥斯拉夫五國未曾答覆，及英，俄，阿根廷三國聲明參加而不克派遣代表外，一九二六年日內瓦會議中實際參加者爲奧地利，比利時，巴西，布加利亞，捷克斯拉夫，丹麥，法國，德國，意大利，日本，荷蘭，挪威，波蘭，葡萄牙，羅馬尼亞，西班牙，瑞典，瑞士，美國等十九國。會議開幕由籌備委員會會長匹稜（Pirenne）主席。籌備委員會之總書記利蘭隨將國際歷史學委員會之章程草案提出討論，辯議不久，卽行通過。

國際歷史學委員會之宗旨爲以國際合作共策歷史科學之發展。其一部分職務，則爲主持國際歷史學會議之一切事宜。國際歷史學委員會由入會各國之代表組織之，每獨立國家得出有選舉權之代表二人，其非獨立國家（如領土，殖民地等）各出有選舉權之代表一人。委員會每年至少須開會一次，其地點與時期概由臨時決定，惟遇開國際會議之年次，則須與國際會議同時同地舉行。

國際歷史學委員會之職員，計設會長一人，副會長二人，評議員（membres asses-seurs）四人，總書記一人，及會計一人。職員於國際會議時選舉之，至下屆國際會議時卽須改選。諸職員中至少須有五國之代表。委員會之法定總部，暫設於美之華盛頓。茲將第一屆國際歷史學委員會之職員錄示於次：會長科特（Halvdan Koht）（挪威）；副會長多普士（Dopsch）（奧國）與匹棱（Pirenne）（比利時）；評議員滕平斯基（Dembinski）（波蘭）桑克替斯（de Sanctis）（意大利），邁涅刻（Meinecke）（德國），與騰拍雷（Temperley）（英國）；總書記雷里提（Lhéritier）（法國）；會計利蘭（美國）。

日內瓦國際歷史學會議除成立永久國際委員會外，對於歷史科學之國際研究問題亦頗多重要討論。其尤關重要者，為國際歷史學書文目錄之編纂，萬國史表之編印等等。議決國際歷史學委員會即須編刊會報一種，詳載一切會程及各國歷史學者之團體。下屆國際會議之地點，經大會討論後，擬於一九三三年在華沙（Warsaw）舉行。國際歷史學委員會第一次年會定於一九二六年十月間舉行，其第二次年會則在今年春間舉行云。

第六章　結論

就上所述，國際智識合作運動之情況，當可窺見其梗概。十九世紀之末葉，國際智識合作之運動，固已略露端倪，然嚴格言之，則尚未能謂爲眞正國際運動也。二十世紀之初，科學智識之孟晉，大有一日千里之概，於是國際智識界起應實際之需要，自不能不力謀合作研究之道。故當世界大戰以前，國際智識合作團體之組織，已有雨後春筍之觀，斯實爲國際智識合作運動之初期。世界大戰期間，各國智識界大多皆各竭其心力爲其母國效勞，國際智識合作運動，自不免遭無形之停頓。迨戰事告終，各國經濟上精神上之損失，殆屬不貲，於是不能不力謀建設，以圖恢復，因之學術之獎勵，益加需要。同時各國人士鑒於大戰禍害之深鉅，迺羣起倡導世界永久和平之運動，顧欲躋此世於眞正大同之時代，自非首行祛除國際民族間之猜疑誤解不爲功，此則非國際智識界之協力以謀，詎有他道？是以一九一九年以還，國際智識合作之大規模組織，不少應運而興，於是國際智識合作運動乃漸臻於成熟之時期。

世界大戰以前之國際智識合作團體，幾乎皆就各科學術而組織，尠有集中之機關。就其本身組織言之，固與專門分工之旨相吻合，顧就學術全體論之，則殊缺乏相互聯絡之功效，且有時或蹈組織繁複之弊，致經濟時間，每多損耗。大戰而後，智識界深感此弊之當蠲除，用有國際智識合作集中機關之組織——如國際聯盟之國際智識合作委員會暨國際學術研究會議——既得以聯絡各科學術之研究，但亦無妨專門分工之合作。由是國際智識合作之事業，乃獲一總匯策源之地，疏引而利導之，則自蜿蜒千里，洋溢四方，泱泱乎蔚為國際運動之大觀矣。抑尤有進者，國際智識合作運動，曩昔大都純為學術研究之性質，今乃漸行蛻嬗至於政治之性質，易詞言之，國際智識合作之運動，旨哉其為國際之運動，此亦吾人所不可不知也。

今國際智識合作運動既有組織完善之機關為之總樞，而於各國則亦有集中研究之組織，協助國際機關各種事業之進行，論其重要，殆不亞於人體神經系之於腦也。各國學術研究會議，卽爲各國學術研究之總樞，俾國內之學術團體獲有聯絡協助之機會而免隔閡繁複之弊害。爲輔助國際智識合作委員會事業之進行也，則又有各國智識合作委員會之組織。是以現今國際智識合作運動組織之完備，迥非曩昔祗就各科各門以謀國際合作之時代所堪同日而語。夫國際智識合作運動於今迺有如是蓬勃興碰之氣象者，多半要賴各國智識團體自身之努力耳。

返視我國學術界之情況，則有不能不令國人引慚無地者。考各種國際智識合作團體中我國之嘗與會參加者，甚屬寥寥可數，而於其中榮居重要之地位者，則更鳳毛麟角。國際學術研究會議，其初因爲歐戰協約國家所組織，我國原爲協約國之一，故於一九一九年卽嘗邀請我國參加，但迄今尙未加入。至汎太平洋學術會議，乃沿太平洋各國所組織。我國立國太平洋之濱，占有一萬餘里之海岸線，人口之衆，物產之富，歷史之光榮，在沿太平洋各國中首屈一指，則於此種會議中，自應占一重要之地位。顧於東京會議時，竟幾見擯於太平洋科學會評議會之列。當時各國代表之所藉口者，卽以我國尙無國家學術研究會議爲辭。夫國家學術研究會議之有無，固不足以衡一國之文化，然與其國內學術之發展，自有重大之關係。我國果不甘自棄於現代文明國家之林，而思有以力圖國內學術之發達與國際之合作者，則國家學術研究會議之組織，自屬不容更緩矣。

敬啟

『民國專題史』叢書，乃民國時期出版的著名學者、專家在某一專題領域的學術成果。所收圖書絶大部分著作權已進入公有領域，但仍有極少圖書著作權還在保護期内，需按相關要求支付著作權人或繼承人報酬。因未能全部聯系到相關著作權人，請見到此説明者及時與河南人民出版社聯系。

聯系人　楊光
聯系電話　0371-65788063
2016年3月28日